理想の老人ホームって何だろう

常識にとらわれない介護70か条

社会福祉法人　伸こう福祉会

片山ます江 著

目次

暮らしを支える……30

めざしている空間……46

マネジメント……120

老人ホームって何だろう

――「最高の必要悪」を届けたい

専業主婦の思いつきから

はじめまして、片山ます江と申します。

かれこれ30年ほど、介護福祉の事業にかかわってきました。

そもそも私が介護や保育にかかわるようになったきっかけは、1976年、神奈川県藤沢市にあった自宅を改装し、小さな無認可保育園をつくったことでした。当時、私は専業主婦でしたが、二人の子どもが小学校へあがり、手がかからなくなってきた頃でした。

まわりをみると、子どもを抱えながら仕事を続けるために頑張っているお母さんがたくさんいました。そんな人たちの力に少しでもなれればと、軽い気持ちで始めたのです。

専業主婦の思いつきとはいえ、普通の保育園より朝早くから夕方遅くまで預かり、夏休みの間だけでも構わないといった柔軟な対応はとても喜ばれました。

何年かすると、今度はお母さんたちからご主人やご自身の親の介護で苦労している、という話を聞くようになりました。

「それなら、お年寄りの家もつくってみよう」

まとまった資金も介護の経験もありませんでした。でも工夫すれば何とかなる、自分にできることをやろう。

そう決めた私は、企業の独身寮だった木造アパートを安く借りて改装し、「老人いこいの家」としてオープンすることにしました。

1986年のことでした。それから今日まで、あっという間でした。最初は個人経営だったのが株式会社となり、それを売却して他の会社のお手伝いをしたこともあります。

今は社会福祉法人「伸こう福祉会」の専務理事として、特別養護老人ホーム（特養）やグループホーム、デイサービス、有料老人ホームなど38の介護事業を運営し（2016年8月時点）、いろいろな形で高齢者のみなさんの生活をお手伝いしています。

はた迷惑な「おせっかい」かもしれません

驚かれるかもしれませんが、私は老人ホームって「必要悪」かもしれないなと思ってます。そもそも介護という仕事には、「おせっかいの塊《かたまり》」のような面がありま す。

例えば、独り暮らしをしているお年寄りを心配したご近所の方が、よかれと思って特養への入居を勧めることがあります。

他人から見れば、散らかり放題の家のなかで非衛生極まりない状態だったり、不自由な足でヨロヨロと段差を上っていて、今にも転倒してしまいそうで見ていられない状態だったり。でもそれが、暮らしているご本人にとっては、快適な環境かもしれません。

そういう人を、「こんなところにいて何かあった時にどうするんですか」、「火事を出したりすると近所にも迷惑ですよ」なんて言って連れ出すわけです。

自分の人生の最期をどこで過ごすか。

本来ならそれは、本人が決めればよいことです。慣れ親しんだ自分の部屋で暮らしたいと思ったとしても、それは当然でしょう。若いときに読んだ本をふと手にとったり、目に入った花瓶が娘の結婚式の引き出物だったことを思い出したり、そうしたものに囲まれた生活こそ、幸せな日常かもしれません。

そんな日常を奪っていきなり老人ホームに入れておいて、「お花がきれいでしょ」、「おいしい紅茶が入りましたよ」なんて言葉をかけてもらっても、はた迷惑なだけでしょう。

老人ホームがあるばかりに、自分なりの幸せをまっとうできない人がいるとしたら、私たちの仕事は必然的に「必要悪」の側面を持つのかもしれません。

しかし、どうしても必要なものであるならば、いい仕事、納得できる仕事の形でお届けしたい。いや、絶対にそうでなければならないと思っています。

「あんなところには入りたくない」

そんな風に思っている方には、

「いえ、そんなに悪くはないですよ。人生の仕上げの時期に暮らす場所として、ぜひ選択肢のひとつとして考えてみてください」とお伝えしたいです。

実際、孫のような若いスタッフがにっこり笑ってくれて、あれこれ世話をしてくれたら、

「あれ？　自分の家もよかったけど、若い人が自分のためにいろいろ頑張ってくれるのも悪くないかな」と思ってくださるかもしれません。

「年をとったら子供の世話になるより老人ホームへ」

そう思っている方には、

「ぜひ、いらっしゃってください。自宅と同じようにとはいかないまでも、こんなふうに安心して暮らしてもらえます」と入居をお勧めしたいです。

そのためには、どんなところか見学していただき、具体的にご自分で老人ホームでの生活を想像していただくといいと思います。

たとえどこまでも「次善の選択」に過ぎないものだとしても、これからの時代における老人ホームのあり方について、嘘のない問題提起を行い、少しでもイメージを変えていただくことが私たちの務めだと思っています。

最初の老人ホーム「グラニー鎌倉」

1章

「究極のサービス業」の奥深さを極める

お金をたくさん払えばよい老人ホームに入れるか？

世のなかには介護と聞くと、「きつい・汚い・臭い」、いわゆる3Kの仕事といったイメージをお持ちの方がまだいらっしゃいます。

確かに人の生活全体を支える仕事ですから、きれいごとだけでは済みません。でも、私はこれまで30年、いくつもの老人ホームの運営をするなかで、お年寄りの食事をつくったり、入浴を手伝ったり、一緒に散歩に出かけたり、自分自身ワクワクしながら介護という仕事に携わってきました。お年寄りのみなさんと接して、人生の奥深さと向き合う機会も多くありました。私と一緒に頑張ってきてくれたスタッフも、介護という仕事を通して自分の力を伸ばし、一度しかない人生をそれぞれの色で輝かせてくれています。

ビジネスという面でも、今や介護は非常に多くの雇用を生み、成長産業と目されています。以前は子どもが介護の仕事に就くと言うと親御さんが反対されることもありましたが、今ではそんなこともほとんどなくなり、むしろ積極的に応援していただける方もいらっしゃるのは有難いかぎりです。

介護は誰もが迎える老いを支え、人生の仕上げをお手伝いする仕事です。けれど、お年寄りは一人ひとり、これまでの経験も考え方も価値観も違います。それだけに難しく、また奥が深い「究極のサービス業」だと私は思っています。この言葉の意味は追い追い述べていくつもりです。

この本では、私が30年ほどかけて求めてきた理想の老人ホーム像、いわば「世界でいちばん素敵な老人ホーム」とはどのようなものかについてお話ししたいと思います。

さて、みなさんはよい介護のためにはどのくらいの費用が必要だと思いますか。

民間の有料老人ホームのなかには、人気エリアで豪華な建物や設備を売りに1億円を超えるお金が必要なところもあります。

しかし、**お金をたくさん払えばよい老人ホームに入れるかというと、そうではありません**。建物の立地や部屋の広さ、設備の新しさはもちろんひとつの判断材料にはなりますが、そのほかにも全体の雰囲気やサービスの質、さらに言えば一緒に暮らす他のご利用者との相性なども関係してきます。

そうしたトータルなバランスのなかで、自分にとって「いちばんふさわしい老人ホーム」が決まるのであり、入居金が多いか少ないかなど、お金だけで判断することはできないものです。逆に、安ければ安いほどいいかというとそれも疑問で、やはり一定の建物や設備、サービスを期待するなら、それなりの負担は必要です。

ここでも大事なのは、トータルなバランスというしかありません。

ただ、実は私は老人ホームの運営にはそれほど多くのお金が必要だとは考えていないのです。努力と工夫によって、リーズナブルな負担でどれだけ満足度の高い老人ホームがつくれるか、いつもそればかりを考え、追いかけてきました。

福祉の世界なんて知らない

介護の仕事を始めて30年近く、ジグザグはありましたが、ここまでやってこられたのには、あるいは私たちの施設・サービスが今あるこういう形になったのには、いくつかの理由があります。

でもいちばん大きな理由は、私が介護について全くの素人だったということです。

何か新しいビジネスを始めるにあたって、通常は市場やライバルについて詳しく調べ上げ、どんな商品・サービスにいくらの値段をつけるか等々を慎重に検討して決めるのが普通でしょう。しかし、そうしたやり方では業界の常識にとらわれ過ぎ、お金を払っていただくお客様のニーズからずれてしまうこともままあります。特に成長段階の分野では、往々にしてそういうことが起こりがちです。

私の場合、先に述べたように介護ビジネスについて全くの素人だったので、「老人ホームはこんなもの」、「介護でそこまでやるのは無理」といった先入観がまったくありません。

ですから、「こんなふうにしたらきっと喜ばれるだろう」、「自分ならこんなサービスを受けたい」というふうに自由に考え、工夫してきました。それが、結果的によかったように思います。

とは言っても、お客様であるお年寄りが求めているものについてまったく知らなかったわけではありませんよ。

先に手掛けていた保育園事業に子どもを預けてくれていたお母さんたちをはじめ、

いろいろな人の切実な声をたくさん聞いていました。

だからこそ、**「この仕事は絶対、世のなかで必要とされている。世のなかで必要とされているなら、ビジネスとしてもうまくいくはず」という確信があったのです。**

また、「お金も経験もないけれど、考えることなら誰にも負けない」、「利用してくれる人が何を望んでいるのか、どうやったら満足してもらえるのか、をとことん考え続けていけばなんとかなる」という直感に似た思いもありました。

今思えば、2、3年ほど、このような自問自答を繰り返し、少しずつ確信を深めていったからこそ、さほど不安も感じずに老人ホームを始め、素人目線を保ちつつ、しかし迷うことなく事業を広げていくことができたのだと思うのです。

大きな老人ホームが嫌いでした――結果的に時代を先取り

もっと言えば、ここまでやってこられたのは、時代の変化を先取りすることができたからかもしれないなとも思います。

アイデアが特別だったわけではなく、頭を絞ることで時代のちょっと先を行くサ

ービスを、タイミングよく生み出すことができたのです。

私が企業の独身寮を使って老人ホームをつくった80年代後半は、老人ホームというのは定員が100名前後というのが当たり前でした。老人ホームだけでなく、会社も組織もホテルも、なんでも「大きい」ことがよしとされる時代でした。

でも、私はそんな大きな老人ホームに疑問がありました。

ご利用者はときに、亡くなるまでずっとそこで暮らすのです。自分の家のようにとはいかなくても、暮らしの温もりが感じられるような空間がいいはず。そのためには、定員は十数人くらいがちょうどいい、と考えていたのです。

とはいえ当時、そんなことを言う人なんていませんでした。私は老人ホームをつくるヒントをもらおうと、福祉関係の団体や自治体の担当者を訪ねましたが、どこでも私の考えている十数人程度の老人ホームなど聞いたことがないと言われました。そんな小さな施設では「福祉」という枠組みには該当しない、というのです。

しかし、ヨーロッパなどでは当時、小さい老人ホームも認められ、実際に少しずつ増えていました。

地元の新聞社の記者さんに相談してみると、「十数人程度の小さい老人ホーム」

が日本で「福祉」という枠組みに該当しないんだったら、いっそそんなことを気にしなくてよいお年寄りが憩う「家」にしたらいいんじゃないかとアドバイスをもらいました。

そこで、最初の老人ホームを「老人いこいの家」と名づけてみたのです。

日本はちょうどバブルへ向かって景気がどんどんよくなっていった頃でした。多くの企業は優秀な人材を採用するため、こぞって新しくて豪華な社宅や寮をつくるようになり、それに合わせて使われない建物が増えていました。

私たちはこうした使われない建物を次々に借り受け、こじんまりとした老人ホームにしていきました。これがのちに「伸こう会方式」と呼ばれ、２０００年には17施設にまで増えていました。このやり方だと、初期投資が少なく済むだけではありません。老人ホームを新しく建てるとなると、行政指導により近隣の同意をもらう必要があり、何度も住民説明会を開くなど、時間と手間がかかります。

しかし、既にある建物の内装を変えるだけならそうした手続きは、ほとんど不要。建物を見つけてから半年から10か月程度でオープンできるため、資金のない私たちでも短期間でどんどん老人ホームを増やし、必要としている多くのお年寄りを受け入れることができました。

お金も土地もなかったからの工夫でしたが、それが結果的に時代の流れに合致したのです。

私が他の人に負けないことと言えば、それは「考え続ける力」だけだと思います。**決して諦めずに、24時間考え続ける。**

そもそも、考えることが好きなのです。そうしていると、いつしか答えが見えてきたり、助けてくれる人が現れたりして、道が拓けてきました。

介護はゴールがない素敵なサービス業

介護はまた「目標とする基準」がない仕事でもあります。ご利用者のみなさんが置かれた状況は千差万別。ご本人が高齢であったり、ご家族が現場を見ていなかったりすることから、具体的なクレームもあまり出てきません。事業者側の情報公開もさほど進んでおらず、比較検討がしにくいのが実情です。

「介護とはこういうものだ」、「こういうときはこうすればいい」などと簡単に言い切ることはできません。目の前にいる一人ひとりのご利用者と向き合いながら、常に考え続けるしかないのです。

ホテルや旅館、テーマパークなどのサービス業ではとても有名な企業がいくつもあります。こうした企業が、お客さまにとってのひとときのやすらぎや楽しみを演出するノウハウには素晴らしいものがあります。

一方で、**介護は「24時間365日続くサービス業」です。限られた特別の時間帯を演出するのではなく、その方の人生をトータルに演出しなければなりません。**いわば人生の仕上げをお任せいただくのです。私が介護を「究極のサービス業」だというのは、そういう難しさと、それゆえの奥深さからなのです。

2章

「世界でいちばん素敵な老人ホーム」への70か条

暮らしを支える

Support the daily life

01 「ふつうの暮らしぶり」を大切にしたい

老人ホームをつくろうと決めたとき、私には「これまでとは違うものにしたい」という強い思いがありました。それまでに何度か見たことのある特別養護老人ホームのお定まりの風景にいつも違和感を抱いていたからです。

「どうして七夕の時期になると短冊に願いごとを書かされるんだろう？　〝世界平和〟とか〝苦しまずにあの世に行きたい〟なんて、ちょっと頭をひねりたくなるものばかりなのに」

「なぜ、歌というと「青い山脈」とか「北国の春」を歌わさせるんだろう？　きっとお年寄りならみんな知っていると単純に考えてのことなのだろう」

「お年寄りはお風呂好きっていうけど、みんながみんな自分の体を人前にさらされてでも入りたいのかな？　私なら温泉に泊まったとき、お風呂に行くのはなるべく空いているときだけど……」

そんなふうに考えて、運営の仕方やサービスの内容を決めていきました。

もちろん、老人ホームは家ではありませんが、普通の家ならどうするだろうか、生活の場ならどうあるべきだろうか、ということをいつも基本に考えてきました。**「ここは老人ホームだから」という発想には一度もたちませんでした。もともと福祉に携わってきたわけではないので、私は「老人ホームはこうあるべきだ」という固定観念から自由だったのです。**

そもそも使われなくなった社員寮などを活用させてもらって始めたのですから、足りないところは自分たちの頭で考えて、工夫してきました。病院にあるようなベッドも使わなければ、消灯時間や家族の訪問時間を制限することもありませんでした。こうした考え方は今後もずっと守り続けていきたいです。

02 介護の世界の常識を疑え

例えばこれも大きな違和感のひとつでした。「おむつ交換という行為はご本人の尊厳に配慮し、なるべく丁寧にやりましょう」という介護の世界で広く流布した考え方です。丁寧なおむつ交換なんて誰が望んでるんでしょう。時には、「その際、疾病はないか陰部もしっかり観察しましょう」なんて（もちろん必要なときはあるでしょうが、それが常時であるはずがない）。

お年寄りであろうと、要介護者であろうと私たちと同じ感性を持った人間であるという認識がまず大前提なんじゃないでしょうか。

私だったら、的確に手早くささっとやってもらいたい。私たちの施設では、そうするように教育しています。

03 型にはまらず柔軟な発想で

なにしろ、介護の世界の「常識」を知りませんから、当初の私たちはご利用者にいい、と思ったことは、思いついた端からどんどん取り入れていました。例えば、その頃、「お正月くらいは施設を離れ、華やかなところで過ごしたいよね」と言って始めたのが、「高級ホテルツアー」です。

お正月はご家族と一緒に過ごされる方が多いのですが、いろいろな理由から、施設で年を越される方もいらっしゃいます。そうした方々と20人ほどで、お正月のシーズンに、東京の高級ホテルに泊まりに行きました。

介護度の重い方もいらっしゃいますから、ホテル側にも協力を要請し、受け入れ態勢を整えてもらいました。車に分乗していざホテルへ。今のようにバリアフリーも整っていない状況だったので苦労も多かったのですが、いつもと違う「ハレ」の空間をみんなが楽しみました。

翌日は歌舞伎を見に行ったり、温泉に入りに行ったり。もちろん、そこにも多くの人手が必要になりましたが、「どうにかしてやってやろう」とスタッフ自身もおおいに張り切り、かつ楽しみました。

施設やスタッフが増えた今は、さすがにそこまで自由にやりづらくなりました。けれど、お決まりのスケジュールではなく、まずはご利用者の希望を聞き、それに沿ってまずはやってみようと前向きに発想する姿勢は組織に根づかせたいのです。

04 その人の個性に合った「たくさんの小さな気晴らし」を

介護でカギを握るのはもちろんサービスの量と質です。

ただ、高級ホテルのようなサービスが必要かと言えば、そこはちょっと違うと思います。ホテルは普通、数日だけ滞在する場所ですが、老人ホームはずっと住み続け、暮らす場所です。

その違いが表れるのが、「生きがい」です。どのような「生きがい」を提供できるか。これはどの介護施設でも大きなテーマのひとつでしょう。

そもそも、自分ならではの生きがいを持って生きている人は、いくつになっても元気で楽しそうです。けれど、「私の生きがいはこれです」と自信を持って答えられる人は、高齢者に限らずそう多くはありません。

ましてや、私たちが「うちの老人ホームにいらっしゃれば、必ずみなさんの生きがいが見つかりますよ！」などとはとても言えません。老人ホームやデイサービスで提供するアクティビティー（趣味や娯楽など楽しんで過ごせる広義のレクリエーション）ひとつとっても、まだまだ手探りしながら試行錯誤している状態です。

でも、ちょっとした「気晴らし」ならば提供できるのではないかと思っています。

私たちがめざすのは、ご利用者の方々にささやかな「気晴らし」をたくさん体験してもらうことです。でも、それは介護施設でよく見かける、みんな一緒にお手玉をしたり、折り紙をしたり、唱歌を合唱したりすることではありません。

ご利用者は一人ひとり違う個性を持った人間です。お決まりのことが嫌いな人だってきっといるはずです。だから、私たちの老人ホームやデイサービスのアクティビティーは希望者のみで、強制はいっさいしません。

05 催しものは力を入れて本格的に

お決まりの活動の代わりに、時折りの催し物や身の回りのサービスをできるだけ本格的にしています。音大の声楽科を卒業したスタッフがミニコンサートを開いたり、施設内に設けた美容室で介護福祉士の資格を持つ理容師がカットだけでなくパーマやカラーリングの要望に応えしたりしています。

小さな気晴らしを積み重ねることが一日一日を楽しく過ごすことにつながると思っています。その合間に、ちょっと力を入れたイベントや質の高い身の回りのサービスを提供していく。それらが相まってやがて、その方らしいささやかな「生きがい」につながっていけば、こんなに嬉しいことはありません。

06 「したいこと」を見守ってあげるのが介護

毎日の「気晴らし」を積み重ねるには、その人のやりたいように、気の向くようなことをしていただくことが大切です。介護というとつい、入浴や排せつの介助、リハビリテーションなど「何かやってあげるもの」というイメージがあるかもしれませんが、それは違います。

私は、介護の本質は「見守り」だと考えています。

ご利用者一人ひとりの世界をできるだけ尊重し、不安にさせず、制限せず、ストレスになることはしないことをモットーにしています。

先に触れたように、私たちの施設では、ご本人が嫌なことを無理やりしてもらうことを良しとはしていません。その方が今、何をしているのかを目で追いながら、危ないと思ったときだけさりげなく声をかけたり、手を伸ばしたりします。

こう言うと簡単に聞こえるかもしれませんが、一人のご利用者を、いろいろな考え方を持つ複数のスタッフがサポートするので、スタッフ同士の情報共有がきちんとできていないと実際にはうまくできません。私たちの施設でも、お恥ずかしい話、十分にできているとはまだまだ言えません。

ご利用者のこれまでの人生や日常生活での何気ない様子からご利用者の「したいこと」を想像し、それを妨げる病気や障害の部分をどうサポートしていくかが書いてある「ケアプラン」を、日々の記録や話し合いのなかで、試行錯誤しながら共有し合っています。

そう、このような試行錯誤をし続けることで初めて、私たちが考える「見守り」が可能になるのです。

07 プライバシーは人としての尊厳

生活の場としての老人ホームでは、ご利用者のプライバシーが当然、尊重されなければなりません。それは「要介護5」でほとんど自分では動けないご利用者であってもむろん同様です。

私が最初に立ち上げた「老人いこいの家」でこだわったのも、プライバシーを守

れる場所をつくることでした。

人間はどんなときだって、他人の目を気にせず着替えたり、寝転んだりできる自由が確保されているべきです。そう考え、当時では珍しかったのですが、すべて個室とすることを最初から決めていました。入居される方にできるだけそれまでと変わらない生活環境を提供したかったからです。

プライバシーは、人としての尊厳そのものです。

尊厳は最大限尊重されるべきものです。

ご家族ですらその方の尊厳に足を踏み入れることができないのに、一時をともにしているだけのスタッフが少しの効率のために、他人の尊厳を冒してよいはずがありません。こうした考え方と工夫は、現在の私たちの特養やグループホーム、あるいはデイサービスなどにそのまま引き継がれています。

08 マニュアルは最低基準。縛られてはいけません

どんなサービスにもマニュアルがあります。私たちの施設でも、毎日のサービス

や館内の環境整備はもちろん、希望者の見学対応の仕方から契約、入居手続き、退去時のお見送りに至るまで、業務ごとに10冊以上のマニュアルを作成しています。もちろん定期的に見直しもしています。

しかし、マニュアルはあくまでもサービスを一定水準に保つためのもの、つまり最低基準です。そこを間違えると、本末転倒です。

ある老人ホームではことあるごとにご利用者に「念書」を書いてもらっていると聞きました。ご利用者が「ちょっと外出したい」と言えば、「外出中の事故について施設の責任は一切問わない」という文書をつくるのです。

万一、外出先で事故があったとしても、基本的にご利用者の責任だということは誰でもわかっていることです。それなのに杓子定規《しゃくしじょうぎ》に念書を求めるので、ご利用者のなかには「こちらを信頼できないのか」と嘆く声もあるそうです。

うちのスタッフが以前働いていた介護施設では、分業が徹底されていたと聞きました。ある日のこと、お茶を配る係だった彼女があるご利用者の部屋に入ったところ、普段はおしゃれにしている方が少し粗相をして洋服が汚れていました。

彼女はすぐ着替えを手伝ったのですが、そのためお茶を配り終える時間が遅れてしまい、上司に注意されました。理由を説明したところ「そういうことは介助の担当者に引き継ぐべきだ」と言われたのだそうです。

彼女としては「粗相をしたところを自分に見られただけでも恥ずかしいのに、さらに他の人に見られるのは嫌だろうなと考えてお手伝いしたのですが」と当時を振り返ります。

マニュアルというのは、それまでの経験をまとめた備忘録のようなものです。すべてのケースをカバーしているわけでもなければ、金科玉条のようなものでもありません。当然、マニュアルを超えて柔軟に対応すべきときもあり、先の例はまさにそうしたケースだと私は思います。スタッフの質が問われるのもそういうときなのです。

09 改善の手がかりはクレームにあり

いろいろ工夫を重ねても、どうしても足りない部分、手の届かない部分が出てきます。最初から完璧をめざすより、クレームを参考に一歩一歩改善していく姿勢のほうが大事だと思います。

介護施設ではご利用者が不満を表に出すことは少なく、ご家族もあまりサービスの現場を見ていないため、他のサービス業よりクレームの件数が少ないのではないでしょうか。

だからこそ、たまにくるクレームはとても貴重です。それこそ改善の手がかりであり、材料だからです。**クレームはあって当たり前。それが経営陣や責任者の耳に入ってこないことのほうが問題です。**

以前は、ご利用者が新しく入居されたときには、私自身ができるかぎり1か月以内にご自宅に行きご家族へ挨拶に伺っていました。

まずは私たちのホームを選んでくださったお礼を伝えるとともに、何か問題があったら直接、私のところに連絡してほしいとお願いするためです。約束なしで行くのでお留守のこともありましたが、そのときは名刺に「何かありましたら私のところへ」と書いて置いてきました。

この考え方は今も続いていて、伸こう福祉会に対するクレームについてはすべて理事長のところに届く仕組みにしています。

また、もしクレームがあればすぐに対応するのはもちろん、その内容や経緯をできるだけ広報誌などに掲載し、組織の内外にオープンにしたいですね。

10 クレームの芽を摘むご家族との密なやりとり

クレーム対応でもうひとつ注意しているのは、クレームにつながることをなるべく早い段階でキャッチし、未然に防ぐ努力です。ご利用者はだいたい「ありがとう」としかおっしゃいません。それでつい安心していると、あるときいきなり大きなトラブルになってしまうことがあります。

クレームの芽は何気ない日常のなかに潜んでいて、それを敏感に察知することが何より大切です。素早く手を打てれば、大きなトラブルにつながることを未然に防ぐことができ、さらにサービスの改善や新しい事業のヒントを見つけることさえできるのです。具体的には、できるだけ小まめにご家族と連絡を取り合うことを心がけています。

例を挙げますと、ご入居時には過度の医療行為は要らない、とおっしゃられるご家族の方でも、その後、〝いざ〟という場面に立ち会うと、できるかぎりの治療を求める立場に心境が変わられることがあります。ご入居時の情報をそのまま鵜呑みにして都度の連絡を怠っていると、運営側とご家族の間に知らぬ間に大きなギャップができてしまっているのです。そのせいで大きな問題に発展してしまう可能性も大いにあります。

11 ご家族の応援団を増やしたい

何よりご家族は、ご利用者のことを一番理解していて、その人のために何をしてあげればよいのかという、適切な助言をくださる存在です。

ご家族と普段からじっくり話し合うことで、こちらのことを十分知ってもらい、不測の事態が起こったときでも、ご家族の方が施設と一緒に考えてくださるなら、これ以上のことはありません。「この人はこんなスタッフなんだ」、「ここはこういうグループなんだ」ということを、ご家族の方々が外部に説明してくださる、そんな関係ができれば理想的です。

12 「理事長への手紙BOX」も設置

幸いなことに、私たちの施設ではこれまで手に負えないようなクレームはありませんでした。しかし、それはこれまでのご利用者の多くが辛抱強く、不満を口にしない戦前戦中世代が中心だったからではないか、とも思っているのです。

これからは自分の意見をしっかり主張する団塊の世代の方がご利用者の中心となり、ご家族の意識も変わってくるでしょう。けれど、ご家族と緊密に連絡を取り合う姿勢がありさえすれば、その変化にもきっと気づいていけるでしょうし、その変化に対応すべく、時間と手間を惜しまずに取り組んでいきたいと思うのです。

今は、施設のご利用者やご家族の要望、スタッフからの意見をダイレクトに理事長に伝える仕組みとして「理事長への手紙ＢＯＸ」も各所に設置しています。貴重なご意見を日々のサービスの向上につなげていければと思っています。

めざしている空間

Ideal spaces

13 ちょっとちぐはぐな空間がいい

これまでオープンした老人ホームのインテリアは、私がほぼ主導してきました。基本コンセプトは、整い過ぎていない「ちょっとちぐはぐな空間」です。老人ホームは、利用される方が何年もそこで暮らす場所です。病気やケガをしたときに一時的に入る病院のような衛生重視の機能的な空間とは違います。ゆったりとした落ち着きや、一定の気品が求められる空間です。そのため、インテリアショップのショールームやホテルのラウンジを参考にしています。

ただ、そうした空間は、その道のプロが考え、工夫を凝らした少々完璧過ぎる空間でもあります。普通の家ではまず見かけないような絵画や照明が備わっていたりします。何日か滞在するだけならいいかもしれませんが、そこで暮らすにはやや窮屈で、心から寛《くつろ》げないような気がします。

ですから、私たちは、そういうものを「引き算」し、逆にご家族が海外旅行で買ってきたようなお土産やぬいぐるみ、つまり多少素人っぽいようなデザインの物をあえて置き、空間に「快い緩さ《ここちよいゆるさ》」を演出しています。空間にゆったりとした包容力を持たせるために、あえて少し隙《すき》をつくっておく、と言ってもいいかもしれません。しかし、全体の印象としてのすっきりとしたセンスを感じさせる統一感は保ちたいと常に考えています。

14 ご利用者の作品展示は必要ですか?

高齢者施設では、往々にして個々のスタッフの判断で、共有スペースにご利用者の写真や作品が飾ってありますね。折り鶴がたくさんぶら下がっていたりもします。もちろんスタッフだって、ご利用者の気持ちを汲み、善意でやっているのでしょう。ただ、そうなると、どうしても空間全体への配慮に欠けるため、何だか雑然とした、統一感のないものになってしまいます。訪問者には、何だか雑駁《ざっぱく》な印象を持たれてしまい、下手をすると「なんだかとり散らかっているな」、「整頓《せいとん》が行き届いてないな」と感じられてしまう恐れすらあります。

個室はもちろんどう飾っていただいても構わないのですが、共有スペースは施設のコンセプトを貫いたインテリア、素敵な雰囲気であってほしいのです。

ご利用者の制作した作品は、しかるべきハレの日のイベントとして別に展示、鑑賞の会を設け、日常のなかに埋もれさせてしまうのではなく、喜び、生きがいをつくるきっかけにしています。

15 スタッフの思いつきで物を持ち込んではダメ

私たちの施設には、絵皿が置かれ、生け花が飾られ、海外から購入したポスターが掛けられています。前述のように少し「ちぐはぐ」な演出を狙っている空間なので、一見すればにぎやかで統一感に欠けるように見えるかもしれません。しかし、そこには私なりの綿密な計算があるので、スタッフには「たとえ1円の物であっても、自分の判断で持ち込んではダメ」と厳しく言っています。

もちろん、スタッフからすれば、善意で持ち込んでしまうこともあるでしょう。でも、一流のホテルやデパートの空間は、ソファも棚も絵画も、すべてがある意図のもとに計算され、デザインされて置かれています。いちスタッフが自分の判断で買ってきて、持ち込んだ物などひとつたりともありません。

老人ホームだってそれは同じことです。私たちは選んでいただいた商品（老人ホーム）の提供者であることを絶えず強く意識しています。入居当時は良かったけれど、何度目かに行ったら、全然違う雰囲気になっていてがっかりした、では残念でお話になりません。

生活スペースと隣り合わせであるがゆえに、老人ホームの共有スペースは雑然としたものが入り込んできやすいのです。「自宅のように暮らせる空間」は「勝手気ままな何でもありの空間」とイコールではありません。サービスを提供する空間として、きちんと計算した配慮があり、それを保ち続ける努力が必要なのです。

16 雨の日のものは雨の日にだけ

すごく小さな話のように思われるかもしれませんが、私たちの施設では玄関に傘立てをずっと置きっぱなしにしないことを心がけています。

傘立てが必要なのは雨のときだけ。ですから、雨が降り始めたら玄関に出し、雨が上がって傘が必要なくなればしまわなければいけません。

晴れているのに何本も傘が傘立てにさしてあったら、その施設自体の管理がちょっと投げやりな感じがしてしまいます。それに傘立ての空間も、誰かの、何かのためにもっと有効に使えるかもしれないじゃないですか。

17 カーテンのラインは美しい流れで

各部屋のカーテン（遮光カーテン）は毎朝、開けたら必ず折り畳んでタッセルに留めます。裏のレースのカーテンについては、曇り空や雨なら遮光カーテンと一緒に開けてタッセルに留めますが、晴れていて日差しが強いようならそのまま閉めておき、午後になったら開けるといったふうに調整します。

タッセルに留めたときにぐちゃっとなってしまうことの多いカーテンの縦のラインを。ひと手間をかけて、ここをきちんと川のように美しい流れで整えているホームを見ると、「いいお仕事をされているな」と感心します。

傘立てを片づけるにも、カーテンのラインを整えるにも、ものの5分もかかりません。こうしたひと手間をいかにかけられるか。介護の仕上がりを変えるのは、そういうところなのです。

18 目に付きにくいバックヤードこそ整然と

リネン室や物が置いてある棚のなかなど、普通は見えにくいバックヤードの整頓もとても重要です。共通スペースをいくら飾りたてたところで、そういう場所がちらっと見えたときに、だらしなかったりしたら失望されてしまいます。ああ、見せかけだけで、本当は規律に欠ける施設なんじゃないかなと疑われてしまいます。

介護業界では、お風呂などで使うタオルについても、「とりあえず畳んであればいい」というのが一般的です。

これがホテルと同じように、端をピシッと揃えて畳み、重ねるときも折り目を揃えて整然とまっすぐになるよう徹底されていたら、気持ちがいいですよね。

あえて見せるものではありませんが、バックヤードの備品やその状態を見てもらっても大丈夫ですよ、という組織としての心がけを発信したいのです。

19 植木も家具も息をしています

よく室内の植木や家具が、壁にぴったりくっつけて置かれている光景を目にします。おそらく動くのに邪魔だったり、スペースを広く使おうなどと考えてのことでしょう。ところが、私たちの施設では家具も植木も壁にくっつけて置きません。それらはただ置いてあればいい単なる〝置き物〟だとは考えていないからです。

植物は枯らさないように陽当たりをちゃんと考えて、壁から適切に離し、大切に育てます。観葉植物はすごい寿命を持っているのがわかりますよ。まるで私たちの動作ひとつひとつを見ているかのようです。観葉植物も家具も、私たちのインテリアのハーモニーを構成する仲間だと考えているのです。

20 孫が遊びにやって来たくなる場に

私たちのホームには、ラウンジや廊下などにいろいろな装飾品があります。観葉植物や生け花もあり、空間が色鮮やかな印象で、お年寄りによっては多少うるさく感じる人があるかもしれません。

しかし、時折り訪ねてくる人にとっては、目に楽しく、話題も提供してくれるものです。例えばご利用者のお孫さんがボーイフレンドやガールフレンドを連れてデートのついでに寄ってくれて、「うちのおじいちゃんが暮らしている老人ホーム、ちょっと素敵でしょ」なんて言ってくれたりしたら嬉しいですね。そんな空間になってくれればいいと思っています。

ご利用者の方にとっては、インテリアは日常の一部と化してすぐ慣れてしまわれるようです。「ああきれいね」と言うだけで通り過ぎて行ってしまいます。それより、お孫さんが自分が入っているホームを自慢に思ってくれている、そのことのほうが、よっぽど嬉しいようです。

その意味でも、インテリアは、訪ねてくるご家族や、知人の方々の視線を意識しています。そうした人々が好印象を持ち、楽しめ、また来たくなることがとても大事だと考えているからです。

21 「ここなら、自分の家族をみてもらっても大丈夫」

同時に、ホームの装飾やデザインは、法人全体のメッセージを伝えるものだとも考えています。ご家族の方は、自分の五感を全開にさせて、ホームの装飾やデザインが醸し出す雰囲気を真剣に吟味しているはずです。だって自分の大切な家族を預けているのですから。

ご家族には、入居を決めるまでにいろいろと迷いもあったはずです。時折「本当にこれで良かったのかな」と思うこともあるでしょう。

だからこそ、私たちの装飾やデザインから、「ああ、ここなら、自分の家族の面倒をまるごとみてもらって大丈夫」、「これで良かったんだ」と思ってくだされば嬉しいですし、そのように受け取っていただけるイメージを届けたいと思います。そうなれば、ご家族の心の折り合いもつくでしょうし、もう一歩進んで、ここに暮らしていることを前向きにとらえていただけるかもしれない。そして、ご家族の好感、好印象はきっとご利用者の気持ちにも伝わるはずです。

コミュニティーに開かれていたい

Open to the local community

22 1階は地域の方々との共通のスペース

私たちが運営する特別養護老人ホームのひとつである「クロスハート幸・川崎」は、公立小学校の跡地にオープンしました。永く若い世代を育んできた場所に、今度は高齢者のコミュニティーの拠点が開所したわけですから、提供するサービスの視野を、入居するご利用者だけでなく、周辺地域全体に広げたいと考えました。

施設のエントランスは、夜間を除き施錠をしていません。これは、1階は、ご家族や地域の方にいつでも気軽に足を運んでもらい、2階のプライベートスペースに住むご利用者との交流をはかってもらうための「地域とホームの共用スペース」にしたいと考えたらかです。

そのため、地域の人たちがふらっと入ってこれるようになっている玄関の先には、自由に使えるカフェや図書コーナーがあります。訪ねてこられたご家族がご利用者と昼食を取ったりもされますし、近くの団地に住む方や、市営のグラウンドが隣接しているのでそこで運動なさった方々が、ちょっとコーヒーを飲みに立ち寄ってくださったりもします。そういう風通しのよさを大事にしたいのです。

23 事務スペースはガラス張り

「クロスハート幸・川崎」の事務スペースはすべてガラス張りにしています。これも、外部から見て閉ざされた空間という印象にならないように工夫した点です。スタッフが着用するユニフォームも、いわゆる老人ホームっぽくないものを、オリジナルでデザインし、制作しました。

また、1階には事業所内保育所を設け、スタッフのお子さんを年中無休で預かっています。核家族化が進む社会のなかで、ホームでの交流を通して子どもがお年寄りからたくさんのことを学び、また一方で、賑やかに走り回る子どもたちを見て、お年寄りが子どもたちから元気をもらえることも期待しました。

事業所内保育所がないホームでも、スタッフが自分の子どもをホームに連れてくることは自由です。小さなときにご利用者に面倒を見てもらっていた子が、高校生になってホームにお手伝いに来てくれる、伸こう福祉会では、そんなうれしい関係性が結構見られるんですよ。

24 ホームの庭は近隣住民のシェアガーデンに

現在では、特別養護老人ホームの外構工事に際し、最低限の緑化を行うことが義務づけられています。「クロスハート幸・川崎」では、近くの団地に住む人々にホームの敷地を遊歩道として利用してもらいたいと考え、法令上の緑化の観点を超えて、庭に遊び心をもたせました。

季節の移り変わりによって彩りが変化する「眺めて」楽しむ木々。レモングラスやタイム、ローズマリーなどの「香って」楽しめるハーブの数々。ベリー系の果実、ヒメリンゴ、オリーブなど、手で摘まんで「食べて」楽しむこともできるものが植えてあります。約450種の植栽を敷き詰めた、この「眺めて」、「香って」、「食べて」楽しい「フレグラントガーデン」は、今後、スタッフだけではなく、ご利用者やご家族、団地の自治会、ボランティアの方々などの力を借りて、地域のシェアガーデンとして、ともに守り育てていきたいと考えています。

食事の楽しみ

Enjoy a meal

25 食事のメリハリを演出したい

老人ホームのサービスで、ご利用者がいちばん楽しみにしているのが食事ではないでしょうか。おいしいものを食べたいと思うことはいつまでも健康であるしるしですし、何より生きがいそのものでもあります。

私自身、食べることが大好きです。**いくつになっても毎日おいしいものを食べて暮らしたいと思っています。**だからこそ、ご利用者の方々のそんな気持ちを叶えてあげられるよう努力を続けています。

毎回大きなプレートにご飯から汁物、おかずまでを全部乗せて出すのではなく、前菜、サラダ、メインディシュ、デザートといったように、一皿を食べ終えてから、順番に次のお皿を出すような日があったっていい。鍋物をドンと出して、みんなでつついて食べる日があったっていい。時には、ポテトチップスと山盛りのサンドイッチをピクルスをおつまみに食べる日があったっていい。

通り一遍のことをするよりも少々手間がかかりますが、慣れてくればさほど問題ありません。ちょっとしたひと手間、ひと工夫を惜しまないことが大事なのです。やはり食事の楽しさは、いくら集団で暮らしているからといって単調になり過ぎないこと。ですから、メリハリを演出したいし、時にはサプライズも取り入れたいんです。

26 「大きなごちそう」と「小さなごちそう」

日常を彩る最高のイベントにしようと、食事については常に見直しを続けています。基本コンセプトは、「大きなごちそう」と「小さなごちそう」です。

「大きなごちそう」とは、旬の適切な食材を使いながら、家庭的な気配りの感じられる食事を出すこと。お年寄りは長い時間を食卓に座っていると疲れてしまうので、少量でも栄養価が高い素材を使い、複数のメニューを用意して選べるようにしたり、その方その方に応じて調理法にも気を配ったりしています。

「小さなごちそう」とは、食を彩る仕掛けのことです。季節を感じる盛り付けをするほか、お祝いなどハレの日には食堂に飾り付けをしたり、ちょっとしたパーティーを催したりもします。

食事をする環境に変化を持たせることで、ワクワク感をつくりだしたいのです。

27 当たり前の生活のにおいも添えて

それでいて、当たり前の生活のにおいも出したい、演出したいと思っています。

例えば、昨日の煮魚の残りを少し食べたり、2日目のカレーライスを食べてみたり。普通の家庭でやってる暮らしの一端みたいな色合いが出せたら、と思っています。カロリーや栄養は、一日で決めるのではなく、1週間で帳尻を合わせればいいわけですから。

今も、お料理の最後の刻みなどは居室フロアのダイニングでやってますが、時にはタマネギやジャガイモなどの食材がそこらに転がっているのが見えてもいいなあと思っています。

スタッフが目が痛い痛いと涙を流しながら、カレー用に玉ねぎの皮を剝《む》いてみるとか。厨房ですべてやってしまうと、そういうものが全部見えなくなってしまって、お仕着せの給食臭くなってしまいます。普通の家庭らしさみたいなものも味わっていただきたいですね。

28 1か月の献立は本当は「ないほうがいい」のかも

私たちの施設では、毎月中旬くらいになると翌月1か月分の食事の献立（メニュー）を配っています。

でも、正直言うとそれでいいのかという危機感もあります。いろいろ違った食材、メニューを出すためにはどうしてもある程度、冷凍の食材にも頼らざるを得ません。また、食材やメニューがバラエティーに富んでいたとしても、カロリー計算上は60歳の人も100歳の人も一緒です。そもそも、ご利用者全員に「おいしい」と言ってもらえるメニューを考えるのは無理があります。食材の好き嫌いはもちろん、堅いものが噛めない人がいたり、味の好みもばらばらだったりするからです。

そうすると、1か月のメニューは事業者側の都合ばかりが詰め込まれた「拷問《ごうもん》メニュー」になりかねません。

では、どうすればいいのか。理想は、その日その日のご利用者の気分に合わせてメニューを考えることでしょう。

魚が食べたいのであれば魚料理を出し、肉が食べたいなら肉料理にする。ご利用者が落ち込んでいるときは気持ちが晴れるようなものをつくって差し上げられればベストです。そう、普通の家庭により近い形ですね。

そう考えてみると、食材やメニューを毎日、あれこれ変える必要はないのかもしれません。季節ごとの旬の食材なら、1週間毎日メニューに入っていてもいいのではないでしょうか。ご家庭でもそうしていますよね。

29 食事は定時であるべきなのでしょうか?

さらにいえば、どこの老人ホームでも毎日、朝食、午前のおやつ、昼食、午後のおやつ、夕食と、ほぼ決まった時間通りに食べてもらっています。

でも、お年寄りはだいたい食べるのがゆっくりですし、食後の口腔ケアなどもやっていると、その間は1時間もないくらいのときがあります。そんなにお腹もすかない状態で、次から次へと食べさせられて本当に楽しいのだろうか、こちらの段取りに無理に合わせていただいているのではないだろうか、と少し心配になります。むしろ、なるべく体を動かして、お腹をすかせてもらうことがおいしく食べてもらう最高の調味料かもしれません。そして、食べたいときに食べてもらう。この点でも、先の1か月メニューの件のように個性にあった個別化ができればいいなあと思い始めています。

30 食堂の椅子は人数よりも少なく

一部の施設では、食堂の椅子をご利用者の数よりわざと少なく用意する試みをしています。こうすることで、あえて一斉には食べられない環境をつくっています。同じ場所で同じ時刻に一斉に食べるのって、まるで学校の「給食」みたいで違和感を覚えます。本当は、できるだけ一人ひとりのお腹の空き具合に合わせ、好きなときに好きな場所で食べるほうがきっといいはず。飛行機に乗って一斉に飛び立つ訳ではないので、個々に時間差があったほうが自然です。

それは、時には席が空くまでの間、レストランのように待合のソファで待つ人も出てくるでしょう。でも、行列のできるレストランではありませんが、ちょっと待つというのも食事の楽しみにかかわるひとつの要素ではないでしょうか。

待たせることはスタッフにとってすごいプレッシャーになっているようですが、これは今、挑戦中の試みです。そのくらい食の個別化は追求し続けようと思っています。

ホスピタリティーのかたち

True hospitality

31 相手に寄り添う感性を養う

私がスタッフに口を酸っぱくして言っているのは、ご利用者が求めているものを「感じる力」です。だからスタッフにはいつも、とにかく「あなたがいいと思うことをしてあげて」と頼んでいます。

もちろんマニュアルは整えていますが、それは先に言った通り最低限の質を保つために過ぎません。いちばん大事なのは、相手の気持ちを先取りする力、欲しているものを素早く察する「感性」です。そのためには日々相手に関心を持って接し、その人のことを考え続けていなければなりません。

32 単なる「話しかけ」ではなく「話し込み」を

そんな点で、私たちの施設で大切にしていることのひとつが「話し込み」です。

例えば、朝「おはようございます」だけでは足りません。「おはようございます、今日のお洋服は素敵ですね」、「今日はあまり天気がよくないみたいですよ。雨の日は、お部屋で何をされていましたか？」など、そこからストーリーが生まれる、話が拡がっていく言葉がけを工夫しています。

何気ない雑談からその日のその方の体調や望んでいることがわかるんです。「ああ、今日は少し元気がないいな」とか、「この話をするときはいつもより笑顔が多いな」とか。そして、そこからその人の考えやこだわりも次第に見えてきたりするのです。

その方のことが少しずつでもわかってくると、関心も深まっていくし、介護そのものが楽しくなってきます。最初は「どこからいらしたんですか」、「ご出身はどこですか」、「○○がお好きなんですか」くらいでもいいんです。私は「話し込み」は食べることと同じくらい大事だとスタッフに言っています。

33 話を引き出す共有ツール

認知症の高齢者の方は、その日のこととか、近々の記憶より昔のことをよく覚えていらっしゃいます。だったら、その方の昔の記憶を手繰《たぐ》りよせられるような会話のほうへみずを向けてみる。すると、話もどんどん出てきます。

そういう話題をスタッフで共有するためのツールも考えてみました。普通のノート、書き込み帳ですが、例えば、農家のご出身の方であれば、「ネギやキャベツをつくっていた」とか、なんでもいいんです。一人ひとりのスタッフが得たそうした小さな情報を、写真やイラストを添えて、みんなで書き込んでいくんです。その苦労話や楽しさを聞いてみて、その反応をまた書き込んでいく。

同じ話でも、3か月後に話しぶりや内容が変わったり、とりとめなくなってしまっていたら、その方の状態が落ちてしまったとか、逆によくなったとかもわかるでしょう。介護のプロって私はそういう判断ができる人のことだと思うんです。

目に見える体にかかわる介護の段階で止まってしまって満足してしまう人も多いのですが、もっと深い介護、プロとしての介護のあり方ってそういうことだと考えています。

34 ご利用者は「お茶を補給して」もらいたいでしょうか？

今、介護施設ではいろいろな専門職が働いています。ヘルパーや介護福祉士のほか、看護師、理学療法士、作業療法士、栄養士、ケアマネジャーなど、職種は10近くにのぼります。もちろん、介護には独自の知識やスキルが必要で、一定の資格者を配置することが法律で義務づけられているケースもあります。

でも、資格を持った専門職がたくさんいればそれで介護サービスの質が上がるかと言えば、決してそんなことはありません。基本的な知識やスキルはあって当たり前。そこにプラスして**ご利用者と向き合うサービス業の「心」がなければ、義務的な、単なるやってあげるだけの介護になってしまいます。**

以前、うちのスタッフが「Aさんにお茶を50cc補給しておいて」と言っているのを聞いて、びっくりしたことがあります。

「どうして、『麦茶が入ったから飲んでもらって』って言えないの」と聞くと、「でも、きちんと水分を取ってもらわないといけないですし」という答えで、互いに噛み合いません。

そのスタッフは以前、療養型病床の病院に勤めていて、前の職場ではそういう言い方が普通だったのでしょう。専門的で科学的なほうが正しく、介護にもそういう姿勢で臨むべきだという考えがいつのまにか染みついていたのかもしれません。けれど、私には何だか処置の指示みたいに感じられたのです。ここはご利用者にとっての生活の場なのに。

最近はお年寄り一人ひとりを支えるために、医療と介護が連携する必要が叫ばれ、現場でも医療と介護の垣根は低くなっています。しかし、医療と介護は根本が違います。

医療は突き詰めれば、病気やケガを治すことが目的で、そのためには科学的で客観的なことがとても重要です。それに対してご利用者の暮らしぶりを支える介護は、温もりや思いやり、生活に寄り添う心配りを決して失ってはいけないのです。それだからこそ「介護は究極のサービス業である」と胸を張って言えるのではないでしょうか。

35 ひとり合点な「よいこと」の押しつけに要注意

介護の世界でおかしやすい失敗に、自分たちが「よい」と感じていることをご利用者に押しつけてしまうことがあります。

あるご利用者の息子さんから聞いた話ですが、お母さんが長期間入院していた病院にお見舞いに行ったら、腰ぐらいまであったお母さんの髪がバッサリ短くなっていました。「どうです？　すごく若返ってきれいになったでしょう？」と笑顔を見せる看護師を前に、息子さんは何も言えなかったそうです。

よかれと思ってやったことでしょうが、幼いころからずっと髪の長いお母さんに慣れ親しんできたその息子さんは、突然、目の前にいるショートヘアのお母さんを見て言いようもなく悲しくなったそうです。

私たちの施設でも似たようなことがありました。

毎年、お正月には女性のご利用者に晴れ着を着てお化粧してもらうのですが、あるご家族から「みなさんが母のために一生懸命やってくださるのはわかるのですが、母はもともと化粧が嫌いな人だったので、口紅をした母というのはどうも違和感があります」と言われてしまったのです。

お年寄りのなかには、若いころから化粧する習慣がなかったという人も少なくありません。それなのに、「気持ちが晴れ晴れするにちがいない」、「きれいに見えるはずだ」と勝手に考え、ご利用者やご家族もそう感じるにちがいないと思い込んでいたのです。ひょっとすると「こんなに一生懸命やっているのだから、感謝してくれるにちがいない」という意識さえ、心のどこかにあったのかもしれません。

身だしなみひとつとっても、ご本人にとっていちばん馴染みがあり、その人が心地よいと思えるようにして差し上げるにはどうすればいいかを、十分に推し量ってあげなければならないのです。たとえ善意であれ、思い込みの「よいこと」の押し付けは禁物です。

36 対価をいただくことに感謝しちゃダメ

こんな話を聞いたことがあります。

かつて営業マンだった人が脱サラしてヘルパーの資格をとり、訪問介護事業を立ち上げました。研修で先輩と一緒にお年寄りのところを訪問した帰り際、その人は営業マン時代の癖でつい「ありがとうございました」と口にしました。すると、「そんなこといっちゃダメ。お金のためにやっていると思われるから」と先輩からたしなめられたというのです。

でも、私はこの元サラリーマンの方の感覚に賛成です。介護はサービス業です。サービスを利用してもらい、その対価をいただくのですから、利用していただいた方にお礼を言うのは、当たり前できわめて自然なことだと思います。むろん、それにふさわしいサービスが提供できていることが大前提ですけど。

37 「ありがとうは悪魔のささやき」

一方で、この仕事をしていると、ご利用者から「ありがとう」という言葉をかけられることが日常茶飯事です。お茶を出せば「ありがとう」、お風呂に入れてあげれば「ありがとう」です。「ありがとう」と言われ続けることで「自分はいいことをしている」と満足してしまうのがこの仕事の怖いところです。

特にこれまで介護業界に入ってくるのは性格の優しい人が多く、そういう人たちがお年寄りから毎日「ありがとう」と言われ続けていると、下手をすると満足してしまってそのレベルで止まってしまいます。

それでは成長のしようがありません。

だからこそ、私は若いスタッフには特に「ありがとうは悪魔のささやきだから、絶対に慣れたらダメよ」と言っています。ホテルに泊まったお客さまがスタッフに対して「ありがとう」と言ってペコペコする様子なんて考えられません。

お金を払っているお客さまには相応のサービスを受ける権利があり、御礼を言われるのはお客さまの期待以上のサービスができたときだけです。それを肝《きも》に銘じなければなりません。

「ありがとうは悪魔のささやき」ということを自分たちに絶えず言い聞かせ、気をつけていないとサービスも人材の質も現状にとどまり続け、やがてそのレベルは落ちていくことになるでしょう。

38 人生経験の豊富な人が相手だという意識を

ある老人ホームでのことです。

若いスタッフが自分で紙芝居をつくり、ご利用者の前でやってみました。みなさん大喜びで盛り上がり、スタッフ本人も大いに満足でした。でも、手を叩いて喜んでくれたなかのお一人が、自分の部屋に戻りながらこうつぶやくのが聞こえました。

「若い子があんなに頑張ってくれているんだから、喜んであげなきゃね」

長い人生を生きてこられたお年寄りは、それこそこの世の裏表を知り尽くし、酸いも甘いも嚙みわけています。目の前のスタッフに合わせて喜んであげることなんて朝飯前です。**お年寄りが感じたり考えたりしていることは、若いスタッフが思いもよらない奥深さを秘めているのです。**

そういう奥の深い多様さも含めて、老人ホームのご利用者であるお年寄りは本当に十人十色です。認知症の方も少なくありませんから、あらかじめサービスを提供する側が想定した枠になど安易に収まり切るものではありません。スタッフ側の底の浅い自己満足は要注意です。

ただ、高齢者の仲間入りをしている私としては、若い子のために喜んで「あげている」自分に喜びを感じたりもするので、何が何でもダメとは言えないんですけれどね。

39 団塊の世代の厳しい目はむしろ好機

私自身、自分たちがやってきたことは独りよがりだったかもしれないという思いも禁じえません。「ああすればよかった。こうすればよかった」という後悔もわいてきます。自分がやってきたひとつひとつの仕事について「ベストを尽くした」と言えるケースは本当に少ない。「もっとできたはずで申し訳ない」というほうが圧倒的に多いのです。

これも介護の奥深さだと思っています。先ほどの「ありがとう」に慣れてしまったスタッフ、高齢者の方々の蓄えてきた人生の智恵に気づかないスタッフでは、さらに一歩進んだ人生の仕上げの瞬間を見据えた本物の介護には手が届かないと私は思っているのです。

これからもっとサービスへの目が厳しい団塊の世代のお年寄りたちがどんどん入居してきます。さらにサービスや人材の質のあり方が問われてくるでしょう。でも一方で、その厳しさが私たちの介護のあり方をさらに磨いてくれるチャンスかもしれないとも考えています。

40 「家族のような介護」は理想でしょうか？

こうしたたくさんの反省の一方で、私はよく言われる「家族のような介護」が最良だとは思っていません。

それは、単純に私自身の経験から来る考え方です。

以前、私は高齢の実母と一緒に住んでいたことがあります。母はそれほど身体が不自由ということもなく、ヘルパーをときどき頼むことはあっても、普段はテレビで好きなプロ野球を観ながらのんびりと過ごしていました。

ある日、仕事で遅く帰った私はいつものように母の部屋に顔を出し、毎月渡していたお小遣いの封筒を入口近くのタンスに置いて、「ここに置いておくね」と声をかけました。

母はテレビを見ながら「はい、ありがとう」と答えたので、私は母の背中に目をやっただけで顔も合わせず、さっさとお風呂に入りました。

次の日も、私は朝早く出かけ、夕方、帰ってきたときには母の容態は急変していました。病院へ運んでもらったものの、そのまま亡くなりました。

前の日にちゃんと目を見て話をしておけば……。

苦い思いが長く残りました。

子どもにとって親というのは、いくつになってもどこか甘えたり、時には反発したりする気持ちが入ってしまう存在です。客観的になどみられるはずがないのです。

私自身、母を亡くしたとき、自分のなかに「家族なんだから」という甘えや馴れ合いがあったことに気づいて、愕然《がくぜん》としました。長年介護に携わってきたはずの私でさえ、自分の親となるとそうなってしまうのです。どうしても目が曇ってしまう。

それはいい悪いではなく、家族ってそういうものなんです。

また、親のほうも、歳を重ねてそれまでできたことができなくなったり、反対に今までしなかったことをしたくなったりします。ところが、多くの場合、ご家族には素直にそれを口にできないんですね。歳をとればささいなことで感情的になることもあれば、ただ人恋しいこともあります。そんなとき、いろんな感情が入り交じる家族より、介護のプロ相手のほうが素直になれるのではないでしょうか。

そういう経験をしたからこそ、「家族のような介護」という考えには危うさを感じます。どちらの側にもある甘えや期待や、言いだしづらさがまとわりついてくる。ご家族による介護にもよい点はたくさんあるでしょうが、それは常に緊張感を持ったプロのサービスとは異なるものだと私は考えているのです。

41 「赦しを与えてもらう」仕事の一面も

どんな仕事でも、ただお金をもらうだけでなく、まわりの人から評価されることによってやりがいや手ごたえを感じるものです。

例えば、自動車の営業であれば「クルマを100台売りました！」といった実績が評価に結びつくでしょう。レストランや小売業であれば、お客さまから「前よりおいしくなったね」とか「あのお店より仕事が丁寧だね」といった感想をもらったら励みになることでしょう。

でも、介護サービスにはそういうわかりやすい評価の基準がありません。あちこちでたくさん体験するようなものでもありませんし、利用するかどうかを決める人と実際に利用する人が違うことも多く、比較だって簡単ではありません。

人と人のコミュニケーションが基本で、同じサービスでも誰がやるかによってまったく異なるものになります。同じような施設をつくっても、それをどのように運営するかでご利用者やそのご家族の満足度はまったく変わってしまいます。

私たちもまだまだ手さぐりです。それにもかかわらず、お年寄りのみなさんはいつも私たちに合わせてくださいます。我慢することも多いはずなのに、いつも笑顔で接してくださいます。

私はよく、介護は「赦しをもらう仕事」だと言っています。大きな声で「うちはこんなに素晴らしい」、「こんな成果を上げた」なんて成果を誇れるようなものではありません。

この間、たまたま我が家のお墓の近くにとあるご利用者のご家族のお墓もあることがわかって、じゃあ今度お花見の季節に一緒にお墓参りしましょうね、とお話ししたんです。そしたらその方が翌朝に亡くなってしまって……。

意識して先延ばしにしたわけじゃないけれど、もう「許してね」って言うしかありません。ああ、また追いつかなかった、追いつけなかったと思うばかり。現場ではそういうことの連続なんです。

だから、私たちにできるのは、静かにご利用者に寄り添い、こちらの至らなさを恥じつつ赦しを乞うことくらいかなと時折り思います。介護とはどうしてもそういう側面のある仕事なのだと思っています。

42 「心の手を合わせてもらう」瞬間のために

何度も言うようですが、お年寄りのみなさんは賢く、到達した人生のステージはスタッフたちよりもはるかに上です。ですから、スタッフに上手に合わせたり、本心でなくても作業に対して「ありがとう」と言ってくれたりもします。

だからこそ、こちらがどれだけ相手の本当の気持ちに近づくことができるのか、相手の心のなかへ入っていくことができるのかが問われてくるのです。本心から満足していただいているんだろうかと絶えず自分に問いかけ続けていること。

そうした姿勢やエネルギーが相手に伝わったとき、初めてご利用者のみなさんは、私たちとの出会いに対して、心のなかで感謝の手を合わせてくださるのではないかと思います。簡単なことではありません。

介護はとても難しい仕事ですが、それでも心が通じ合ったと感じる奇跡のような瞬間は確かにあります。そのとき「この仕事をしていてよかった」とつくづく思えるのです。

エンディングをめぐって

The moment of ending

43 人生の最終コーナーを「まあまあ」と思っていただけたら

ご利用者のなかには、人生の最後を他人に囲まれて暮らすなんて思ってもいなかった、という方がたくさんいらっしゃいます。「なぜかここに来てしまった」というのが、老人ホームでの最初の思いでしょう。

老人ホームに入れば、人間関係はどうしても閉じられたものになりがちです。ご家族だって、そうしょっちゅう来てくれるわけではありません。

またご利用者同士の新しい関係をつくるのにもすごくパワーが必要で、友達になるのもなかなか難しいものです。多くのご利用者にとっては、私たちスタッフと、時々やってくるボランティアが、ほぼ人生最後の隣人となります。

何かの縁があって、私たちを最後の隣人に選んでいただいたその責任にどう向き合っていけばいいのか。

私はこんなふうに考えています。

順風満帆の人生なんてそうそうありません。「あのときこうすればよかった」という後悔を抱えていたり、「こんなはずじゃなかった」という失意が心のどこかに潜んでいたりするものです。

だからこそ、「いろいろあったけれど、ここで過ごすのもまんざらでもないか」、「まあ、悪くない人生だったな」と思っていただきたい。一度きりの人生、がっかりしたままで終わってもらいたくはないのです。「最高の人生」でなくてもいい。でも、「ぼちぼち」までにはせめて引き上げて差し上げたい。

そのために何をすればいいのかをいつも考えています。

44 医療との連携で健康と安心を

これからの老人ホームのサービスで、カギを握るひとつが医療とのかかわりだと思います。医療と介護は基本的には別のものですが、老人ホームのご利用者が健康で安心した生活を送っていただくためには、双方の力を合わせてサポートしていく必要があります。

食欲や睡眠は特に重要な目印です。そして「普段の様子と違うな」と思ったらすぐ施設にいる看護師に相談し、必要なときは提携している医療機関から医師に来てもらいます。症状が重くなる前に手を打つ、予防医療的なアプローチです。

このようにご利用者を複数の関係者が連携して見守るには、情報共有がきちんとできていないといけません。ご利用者一人ひとりの記録ファイルを整備するとともに、看護師や医師との間でも普段からちょっとしたことで相談し合ったりアドバイスをもらったりする関係が重要です。

ただ、往々にして介護者の側には医療関係者に対する遠慮や気後れがあるようです。「患者がいっぱいで今は対応できない」、「土日や夜間はマンパワーが足りなくてとても無理」と言ってくる医療機関もあるからです。でも、自分たちから一歩を踏み出し、医療関係者に粘り強くアプローチするべきです。

私たちは協力を求める医療機関、医療関係者と「何のために提携するのか」という点をよく話し合います。こちらが「こういう考えで介護サービスを提供しています」、「利用者の健康と安全を守るために協力してください」、「そのためにこんなやり方、仕組みをつくりたいんです」とお願いすることで、真剣に対応してくれる医療機関、医療関係者をたくさん見つけることができました。

医療と介護は本来、もっとしっかりと手を携えて高齢者のために仕事ができるはずなのです。

45 ホームで最期を、「地域死」という選択

ご利用者に健康で安心感のある生活を送っていただいたとしても、いつかはそのときがやってきます。

数十年前まで、ほとんどの日本人は自宅で亡くなっていました。それが今では8割の人が病院で亡くなります。医療技術が発達し、不治の病気やケガが治るようになったばかりでなく、自力では生命を維持できない人も機械などの助けを借りて生きられるようになったことが背景にあります。

しかし、たくさんのチューブにつながれて意識もないまま生命を維持することが本当に望ましいのでしょうか。もちろん、ご本人の意思やご家族の判断によりますが、住み慣れた場所で最期を迎えることを望む方がこれからは再び増えるでしょう。

問題は、独り暮らしだったり、ご家族が遠く離れていたりといった理由から、自

宅で最期を迎えるのが難しい方々です。そこで**私たちは「病院死」でもなければ「自宅死」でもない、「地域死」という選択をご提案したいのです。**

ご家族や親しい知人、そして人生最期の隣人であったスタッフに囲まれ、第二の家となった老人ホームでその方らしい旅立ちをしていただく。

それが私たちの考える「地域死」です。

私は初めて老人ホームをつくったときから、ホームでのお看取りを行ってきました。ご家族が病院での延命治療を望まず、ホームで最期を迎えることを選ばれた場合、ホーム内で最期の時間を過ごしていただくのです。

これは医療機関との綿密な連携や、ご本人、ご家族との強い信頼関係が必要となる、とても難易度の高い仕事です。しかし、お年寄りに最高の生活の場を提供するのであれば、死をその人にふさわしい形で迎えるということもその一部のはずです。もちろん、そのためには、私たちにできること、病院でなければできないこと、それぞれを何度もご家族に説明し、判断いただきながら取り組むしかありません。

実際には最後まで医療の手を尽くさないことに抵抗を感じ、入院して徹底的に延命をはかることを選ぶご家族もいます。病状の変化によって、ご家族の気持ちが揺れ動くこともあります。場合によっては、私たちのスタッフがご家族と一緒に病院に行き、医師との話し合いに同席することもあります。

私たちの施設で看取ることが決まっても、私たちにできるのはそれまでと同様の介護と看護だけです。退院して施設に帰ってこられたご利用者がその日に亡くなられ、「本当にこれでよかったのだろうか」と悩むこともあります。

いつも「これでいいのだろうか」という気持ちがある一方、だからこそ明日からもっときちんとした「お看取り」をしなければと深く心に誓うのです。

46 一筋縄ではいかない「何もしない」

実は「お看取り」と言っても、いろいろなケースがあります。人間の命というのは不思議なもので、「いよいよか」と呼吸の確認をしていた方がもち直したり、そうかと思えばさっきまで元気だった方が不意に亡くなられたりします。

医師に「もう時間の問題です」と言われても、「そのとき」がいつなのかは誰にも予測できません。付き添って1か月程泊り続けるご家族もいれば、私たちにお任せいただき、いざとなったら連絡を差し上げ、駆けつけていただく場合もあります。時々「看取りの段階になると何もしなくていいからかえって楽なのでは」という声を耳にしますが、それは現場をあまりご存じない方の意見です。

そもそも「何もしない」という選択そのものが、一筋縄ではいかないのです。

お年寄りが具合が悪くなってくると、ものを飲み込むのが大変になり、むせたものが気管に入って誤嚥《ごえん》性肺炎を起こして救急車で入院することになったりします。入院を繰り返すうちに「もう口から食べるのは危険なので、胃ろうにしましょう」という提案が出てきます。胃ろうというのは、腹壁を切開して外から胃に管を入れ、その管から栄養をとる医療処置です。

以前は、胃ろうを拒否すると「このまま餓死させる気ですか！」と脅かされ、選択の余地がないケースもあったと聞きます。いったん胃ろうにすると、途中で処置を止めることは大変なことになってしまいます。意思疎通もできないまま何年も寝たきりで亡くなる、ということが以前はよくありました。

それでも「長生きできてよかった」というご家族もいれば、「本当にこれでよかったのか」と後悔されるご家族もあります。正解はなく、本当に難しいものです。

最近では、こうした医療の選択肢に関して、しっかりと説明してもらえる病院も増えてきました。私たちも、最期のときを迎えたご家族が「これでよかった」と思えるための支援に力を尽くしていきたいと思っています。

47 「死」は本人だけのものではない

みなさんは、「理想の死に方」について考えたことがあるでしょうか。

よく「ＰＰＫ（ピンピンコロリ）」と言って、ずっと元気でいて、ある日突然亡くなるのが理想とされてます。でも、医療の発達した今の時代にこれはあまり現実的ではありません。ＰＰＫより、ガンになったり、認知症になったり、寝たきりになったりする可能性のほうが高いでしょう。

創業当初から手伝ってくれているスタッフが20代の頃、一緒に働いていた年上の看護師から、「理想の死に方って何だと思う?」と聞かれたそうです。まだ若かった彼女はそんなことを考えたこともなかったので、「苦しまずに死ねることなんじゃないでしょうか」と答えました。

するとその先輩は、「もちろん本人が苦しまないことも大事だけれど、いちばん大事なのは遺された家族が『これでよかった』と思えることなのよ」と教えてくれたそうです。当時、彼女はその意味がよくわからなかったそうですが、多くの看取りを重ねるうちに、先輩の言葉の深さを感じるようになったと言います。

人の「死」とは本人だけのものではなく、ご家族をはじめまわりにいるみんなが受け止めるものでもあるのです。

みんなが「これでよかった」と思える亡くなり方とはどんなものか、どうあるべきか。私たちの看取りにおいても、そこを忘れずに取り組んでいきたいのです。

48 ここで「新しい家族」ができた

実際の看取りについて、「クロスハート栄・横浜」で少し前に亡くなられた、Bさんのケースをご紹介しましょう。

Bさんは2008年に私たちのホームに入居されました。もともとご自宅で一人、元気に暮らしていらっしゃったのですが、あるときから脳血管性の認知症の症状が出てきました。そこで、デイサービスやショートステイを利用しながら、近くに住む娘さんが面倒をみていたそうです。しかし、状態がだんだん悪くなり、娘さんも仕事があるので、私たちのところへ相談の電話が入りました。

ちょうどホームの増床措置などで空きがあり、すぐに入居されました。Bさんも最初は自宅に帰りたがっていらっしゃいましたが、3か月くらいした頃、ある女性スタッフがそばを通りかかると、「どこにいたの！　ずっと探していたのよ！」と彼女の手をとったそうです。

その様子を見ていた娘さんは、「ここで新しい家族ができたんだと思い、ちょっと複雑な気持ちだったけど、ホッとしました」とおっしゃってくれました。

施設で穏やかに過ごされていましたが、やはり次第に体力が衰えていかれます。入居4年目の年の瀬に、一時意識のない状態になり、緊急入院となりました。すかさず病院に残るか、ホームに戻るか、娘さんの意向を伺ったところ、「そちらでお願いします」というお返事をいただきました。

ホームに戻ってからは、日中うつらうつらとされることが多くなりました。娘さんに再度入院の意思を確認しましたが、状態がよくなる保証がないなら、今のままがいいということに。毎日娘さんに状況を報告し、そのたびに入院の意思を再確認する作業を続けました。

その後は次第に意識がない時間が長くなっていきました。娘さんもほぼ毎日お見舞いに来られ、お世話をしたことがあるスタッフも入れ替りで訪ねました。ときどき意識が戻られるようで、スタッフの手を握りニコニコされることもありました。

お亡くなりになる前日、いちばん長くお手伝いしたスタッフがお見舞いに駆けつけました。親しくしていたので、喜んでくださったのでしょう。ぱっと眼を開けて、しばらく天井を眺めていらっしゃいました。

翌日、ドクターが来て脈をとるなか、みんなが見守っていると、最初は荒かった呼吸がだんだんゆっくりになり、大きな息をひとつついて、止まりました。ご本人の顔はずいぶん安らかに見えました。

娘さんはかなり疲れたご様子だったので、スタッフが温かい飲み物を用意して少し休んでいただきました。その間に、Bさんのお着替えなどを済ませ、ホーム内の地下にあるメモリアルルームに移っていただきました。

葬儀もそのままメモリアルルームで行い、娘さんとごく親しい少数の親族の方、私たちのスタッフが参列しました。

49 「その後」も家族を懐かしむ場に

Bさんが亡くなられたあと、娘さんと話す機会がありました。私たちのところでの最期を選んだ理由について尋ねると、こんなふうに話してくださいました。

「病院はどうしても積極治療や延命が中心になります。母はもう高齢ですし、少しでも長く生きてほしいというより、気の置けない方に囲まれて最期のときを過ごしてほしいという思いがあったんですよね。母は楽しいことが大好きな人だったから人生の終わりだって明るいほうがいいじゃないですか。慣れない病室で寂しく目を閉じるのと、懐かしい人たちに見守られて目を閉じるのとでは、人生そのものが違ってくるんじゃないかと思ったんです」

昨年度、伸こう福祉会の施設でお看取りをさせていただいたご利用者は合計60人になります。これは、亡くなられたご利用者の7割ほどにあたります。他の老人ホームやグループホームでは、状態が悪くなったご利用者は病院へ移ってもらう方針のところもまだ多くあり、お看取りさせていただく数が多ければよいということもありませんが、最期の場所として私たちのホームを選んで下さる方が多いことに、心から感謝をしています。

「クロスハート栄・横浜」ではご利用者が施設で最期を迎えられた際、お身体をメモリアルルームに安置し、Bさんのように、ご希望によっては簡単なセレモニーを行うこともあります。

ご家族と一緒に施設を後にされるときは、ホーム正面のいつもと同じ玄関から出発していただきます。死は決して隠すものではありません。スタッフはみんな通常業務の手を止めて集まり、晴れ晴れとお見送りをします。

加えて「クロスハート栄・横浜」では、年一回、11月の最終日曜日に施設で亡くなった方々を偲《しの》ぶ「追悼の会」を行っています。会にはホームのスタッフはもちろん、他の施設へ異動したスタッフ、亡くなった方のご家族もお呼びします。亡くなった方のスライドを壁に写し、祈りを捧げ、献花し、思い出を語り合うのです。

数年前、奥様の遺影を持って参加され、遺影と並んで写真を撮っている方がいました。その方は、こんなふうにおっしゃっていました。

「認知症の妻の介護で大変な思いをしたこともありましたが、ここに入ってからは妻も私も人生でいちばん穏やかに過ごせました。今日、妻ともう一度、この場所で一緒に写真を撮ることで、明日からまた元気でやっていける気がします」

ご利用者が亡くなられたら、それで私たちとのかかわりが終わりになるのではありません。「ここが、おじいちゃんが、おばあちゃんが、最期に暮らした場所なんだ」と言ってご家族がやってこられ、スタッフと思い出を語り合うかぎり、かかわりは続いていきます。

私の考える「世界でいちばん素敵な老人ホーム」は、そんな場でもあってほしい。

50 「死」に教えてもらうもの

目を閉じれば、これまでお別れをしたご利用者のみなさんが瞼《まぶた》に浮かんできます。その方々に教えてもらった宿題をひとつずつ果たしていかなければならないのに、まだできていないことの何と多いことか。

ある新卒のスタッフは、私たちのところで働き始めて1か月もしないうち、担当していたご利用者が亡くなられました。若い彼はそれまで人が死ぬところに立ち会ったことなんてなかったので、もうびっくりです。80歳とか90歳まで生きてきた人が急にいなくなる。そのとき、20歳そこそこの若者が身体を拭いて死装束への着替えを手伝ったり、その方がいちばん好きだった身近なものをお棺に入れて差し上げたりするのです。

この仕事には、人の死という人生最大のイベントに立ち会う機会が多くあります。短い間であっても、すぐそばでお手伝いした方の最期に立ち会うとき、誰もが何かを感じ、大切なことを学びます。それは究極の教えであり、人が育つ大きなきっかけにもなります。

私たちの日常では人の「死」というものが見えにくくなっていますが、それを間近に接する機会のある介護は、「死」によって教えられる仕事だと言えます。自《おの》ずと「自分が、自分が」といった思いは消えていきます。

それもまた、私が介護が「究極のサービス業」であるという意味なのです。

スタッフに求めるもの

Code of contact

51 スタッフは全員かっこよく、美しく

すべてのサービスの源は「人」。これまでに述べた設《しつら》えもコンセプトも暮らしを彩るほんの一部であって、最終的にいちばん重要なのは「人（＝スタッフ）」なんです。

スタッフの身だしなみや立ち居振る舞いについても、ご利用者やご家族の視線を常に意識しなくてはなりません。

何か物を買うとき、同じ機能でさえあれば、どんなデザインでも構わないとは誰しも思わないでしょう。特に身近に接するものであればなおさら。介護というサービス業に当てはめてみれば、スタッフの姿やたち振る舞いがかっこよく、清潔感があり、美しいほうが、ご利用者もご家族も一層満足されるはずです。

ですから伸こう福祉会では、スタッフ全員が自分自身が商品であるという意識を持ち、「かっこよく・美しく」あることをモットーにしています。

52 だらしなく長い髪はレッドカード

基本的な身だしなみに気をつけることはサービス業にとって当たり前のこと。男性も女性も前髪は表情がよく見えるようにきれいに整え、また長過ぎる髪の毛が相手に触れることがないように気をつけています。

女性は個性に合った適度なメイクを心がけ、男性の無精ひげはご法度です。いつでも清潔感のある笑顔をご利用者やご家族に向けられるようにするためです。表情は、商品である私たちを印象づけるいちばんのパッケージです。

53 エプロン掛けはご遠慮願います

仕事中のエプロンはするべきではありません。エプロンは洋服が汚れないようにかけるもので、普段の生活のなかで常時着ているものではないはずです。カジュアル過ぎるものもご利用者の受け取り方はいろいろなので避けています。ここはスタッフの家ではありませんから。

その代わり、スタッフに支給するユニフォームの素材やデザインには実はこだわってます。お客様の前に恥ずかしくない姿で立ちたいからです。「このユニフォームを着たくて伸こう福祉会に入った」と言われたら、嬉しいですね。

54　万事「よい距離感」をもって

お年寄りのお世話をするにあたって、「よい距離感」のとれる人材がたくさんいるといいなと私は思います。

お年寄りのなかにも、話をするとき手を握ったり肩をさすったりしてほしい人もいれば、ちょっと離れて、あまり近づかないでほしいと思っている人もいます。独りにしてほしい人は遠くから見守り、お洒落をしたいと思っている人にはそのタイミングでお洒落をお手伝いしてあげる。そういうふうに個々に対応できれば、ご利用者はきっと心地よく感じるはずです。

そんなタイミングに気をつかわず、みんな同じように杓子定規に決まり切った対応をするようでは台無しです。相手に応じて距離を計り、どんな対応をしてほしいと思っているのか瞬時に判断できるような人が、私の考える「よいスタッフ」です。

55 そこから見えてくる介護のクリエイティビティー

働く当人にとっても、「距離の取り方」がわかってくるとご利用者の反応が目にみえてよくなり、手ごたえが感じられます。

そうした経験を重ねることで、とてもクリエイティブな仕事をしている実感が生まれてきます。「この仕事をもっと極めたい」と思うようになるのです。

私の役割は、そうした瞬間を持てる人を一人でも多く育てることです。自分の持ち味を活かしながら、ご利用者との時間をつくりあげる。

そこには綿密な計画や日々の努力も必要ですが、最後に大事になってくるのは目の前にいる相手との呼吸であり、間合いです。それはまるでひとつの舞台をつくり上げるような作業です。そんな、アーティストのような感性で仕事に取り組むスタッフをぜひ増やしたいと思っています。

56 「No」は言わずにまずやってみよう

さらに、日々強調しているのは、「Noを言うのはやめようよ」ということです。「まずYesでいこう」という姿勢を求めています。

ああ難しい、やったことないし、この業界では聞いたことがないし、等々とあれやこれやと立派な理由をつけて「No」と言うのはとても簡単なんです。

でも私たちの経験から、実際やってみたらなんの問題もなかった、結構やれたということが数限りなくありました。これも福祉の常識を知らないからかもしれませんが、それを逆に強みにしてきたんです。

「まずYesでいく」。これが基本姿勢です。

57 その方の最善を考慮して「腹をくくれるか」

少し前、「クロスハート栄・横浜」で女性のご利用者が転倒してしまいました。

そこで非常勤のスタッフに頼んで病院に連れて行ってもらったところ、「骨折していますね。ただ、ここに入院しても、そちらの施設にいてもできることは一緒ですよ。どうしますか」と聞かれたそうです。

彼女は「施設に戻ります」と即答して、そのまま一緒に帰ってきました。その後、ご家族にも十分に説明し、納得いただきました。

普通であれば、より医療対応ができる「病院のほうが安心だ」と思われるかもしれません。でも、それまでともに暮らしてきたのは私たちです。病院にいて失うものと、ホームに帰って得られるものを、ご利用者の立場から吟味できるのは私たちの方です。

入院による環境変化で認知症が急に進んだり、精神状態が悪化してしまうことはしばしばあります。場合によっては、手足の廃用症候群も同様に進んでしまう恐れもあります。元の状態に戻っていただくために随分と時間がかかったり、結局、戻れないケースすらあります。

だから、「私たちが責任もってみます」ときっぱり言い切った彼女の心意気と決断を、私はとても嬉しく感じ、拍手を送りたくなりました。

臨機応変とは、ただ単に状況を判断できるということではありません。その場でご利用者の立場に立って何がよいのかを考え尽くし、そのための行動を起こし、さらに言えば行動に伴う責任も引き受けるんだと「腹をくくる」ことです。

そうした行動ができる人をたくさん育てていくことが、私の夢のひとつです。

58 リーダーも変わり続けよ

各施設、サービスのリーダー的な立場の人には、今述べた柔軟な判断と責任が特に求められます。常にスタッフに見られているわけですから、率先して「お手本」になってほしいのです。

約束、依頼、意見などにおける自らの言行一致は当然のことながら、職場の全員を活かす発想を持ってほしいですね。まず長所、短所を含めてその人を理解したうえで、人材育成に努めてもらいたいと思っています。

そのための密なコミュニケーションを強調しています。先に述べた「話し込み」は、スタッフ間においても重要です。

思いや考えをしっかり言葉でまわりに伝えてほしい。そして、リーダー自身も前向きに学び続け、変化していってほしいのです。時代や社会はどんどん変わり続けているのですから。

59 「頭と心」の両面からの教育・研修を

また、スタッフの教育に関しては、主として頭脳に訴える「頭への教育」と、心に訴える「心の教育」の両輪を重視しています。

「頭への教育」とは、お年寄りの肉体、精神、疾病、生活様式、心理状態などについての知識を習得することです。そのためには、講師による研修のほか文献、映像、見学、実習などで学び、テスト、論文、実践発表により習熟度を把握します。

「心の教育」とは、読んだり聞いたりするのではなく、まさに体全体で感じるものです。方法としては、感情が大きく揺れ動く場面、例えば看取りや緊急事態などをどんどん担当させ、そこでの経験を共有しながら指導していきます。習熟度については、ロールプレイや実際の対応をご家族から評価してもらったりもします。

人材に関してもうひとつの課題は、経営人材の育成です。お金とノウハウがあれば施設はどんどんつくることができますが、それに合わせて施設のマネジメントができる人材も併せて育てていかなくては、管理・運営面に必ず支障が出ます。

60 採用は経験よりも「一芸」を重視

新しいスタッフの採用は、事業を拡大していくなかで常に最優先の課題であり、今も真剣に取り組んでいます。

これまで私は、何か縁があれば誰にでも声をかけてきました。誰でもウェルカムで、選ぶということはあまりしません。いったんこの法人から出て行った人だって全然構いません。どんな人でも一緒に仕事をすれば力を出してくれるからです。

介護の経験や介護専門職としての資格の有無はあまり問題にしません。それより、「優しいこと」、「特技を持っていること」、「素直なこと」、「勉強好き」の4つを重視しています。歌でも踊りでも生け花でも、それぞれご利用者の楽しみにつながります。楽しみを増やしてあげられる。

芸ってお年寄りの時間を動かしてあげられるんです。

ですから、スタッフには、美容やマッサージ、フットケアなどのプロ、さらに武道で世界2位とか、小劇場の劇団員、大学で声楽を学んだ経歴を持つ人など一芸に秀でた面々が集まりました。

これからも多彩な芸を持つスタッフに来てもらいたいですね。

61 「福祉バカ」になってはいけません

管理者が集まる全社会議では、参加者に夏期以外スーツ着用を義務づけています。他業種で同じ年代の人なら、しかるべき席ではみんなスーツを着こなしているのが当たり前です。介護業界にいるからといって「福祉バカ」になってはいけません。

繰り返しますが、福祉の世界はすぐ「ありがとう」を言ってもらえる仕事です。コックさんがお料理をつくって、そうそう簡単にありがとうなんて言ってもらえますか。

福祉というのはある意味で甘やかされやすい仕事なんです。

例えば、ご利用者とお芝居に行ったりします。すると要介護の方たちなんだから、遅れてゆっくり入って行って当たり前、などとつい勘違いしたりする。すべてそのお年寄りと、かかわる自分たちを軸に物事を判断して社会の常識からかけ離れてしまっていることに気づかなくなるんです。

お年寄りであろうと誰であろうと、楽しみに芝居を待っている人たちに迷惑をかけていいはずがありません。福祉バカになって、スタッフが要介護の人や認知症の人をかえって際立たせてしまってどうするんでしょう。

「お年寄りを守るとか、お年寄りの立場をかさにきて、世間では通らない非常識な振る舞いをすることは絶対にやめてほしい」といつもスタッフに話しています。

62 「外国人スタッフ」がくれる楽しい刺激

伸こう福祉会では現在、40名以上の外国籍のスタッフがともに働いています。外国人が働いているというと、日本人が足りないところを補う労働力として考えられがちですが、それは違います。

すべてとは言いませんが、外国籍のスタッフのなかには、困難な厳しい環境をくぐりぬけてきた来た面々が少なくないようです。でも、そういう人ほど温かい心を持っていて、お年寄りに丁寧に接してくれます。

南米から来た人たちはとにかく明るいのが特徴。何かあれば、いきなり歌って踊り出すこともしょっちゅうで、それがお年寄りのみなさんにとっては楽しい刺激になっています。

有料老人ホームである「クロスハート石名坂・藤沢」で、ペルー出身のスタッフによるパーティーを開いたときは、見たこともない料理がたくさん出てきて、これまた見たこともないダンスを踊ってくれ、ご利用者もスタッフもとても楽しいひとときを過ごしました。

そんな外国籍のスタッフと力を合わせて仕事をしていくには、彼らのことをよく知ろうと努めることが第一です。マニュアルなどの多言語化を進めていますが、日々の申し送りやマネジメント上の事柄で、言葉や文化の違いが壁になってしまうこともままあります。

そこで四半期に1度、外国籍のスタッフが集まる「インターナショナルクラブ」

という集まりを開いています。そこで自分の国の文化を話してもらったり、介護の勉強をしたり、日本について理解をしたりしてもらっているのです。

63 多様性が目に見えること

あるとき、中国人の男性スタッフが、一日のなかで少しでも自分の母国の言葉が聞けると嬉しいと話していました。私が中国語で知っているのは「ニイハオ（您好）」と「シェイシェイ（謝々）」くらいですが、それを言うと、いつも難しい顔をしていることが多い彼が、恥ずかしそうに笑ってくれます。

母国語の使えない世界で生きる寂しさ、不安。日本人は日本国内にいるとそういうところにどうしても鈍感になりがちです。

そんな大げさなことでなくとも、相手がちょっとした幸せを感じるにはどうしたらいいかを、いつも考えていきたい。そういう姿勢が介護サービスにもきっと反映されるはずだからです。

世のなかにはいろんな人がいる。そういうことをいつも感じていられる、配慮してあげられるように。頭で考える多様性《ダイバーシティ》ってなんだか難しいですよね。見える化というと少々大仰ですが、外国の方たちがいてくれると自然に内面の多様性も耕せるんじゃないでしょうか。

64 いつまで働くかはその人が決めればいい

伸こう福祉会では、毎年スタッフと関係者を対象にした「感謝の集い」を開催しています。施設の運営があるので全スタッフが出られるわけではありませんが、来賓と合わせて1000名近くになる大規模な会です（2015年度からこの会は、スタッフ参加の「運動会」に形を変えました）。

新入りスタッフの紹介や、成績のよかった施設を表彰する時間などが定番コーナーで、異動が頻繁にある私たちの組織では、ちょっとした同窓会のような雰囲気にもなります。

2013年のこの「集い」でもっとも注目を集めたのは、組織初となった定年退職者の表彰でした。彼女は70歳から私たちのところで働いてくれていて、勤続10年、

80歳となりました。80歳というと、ご利用者より年長だという場合も多々あります。私たちはこれまで特に定年を設けていなかったのですが、さすがに体力なども落ちてきたからということで、彼女はひとまず定年となりました。

彼女は物腰が丁寧で温かく、いつもニコニコしている人柄で、ご利用者からもスタッフからも人気があり、会の最中には彼女のまわりに大きな人の輪ができました。スピーチに立った彼女は「これからはボランティアとして福祉にかかわっていきたい」と挨拶してくれました。言葉通り、彼女は現在も子育て支援の施設のなかで、子育てママのサポートボランティアとして、さらに活躍してくれています。

定年なんて意味のない言葉だと思います。
いつまで働くかは、その人自身が決めればいい。

ご利用者だって年齢は様々です。仕事において10歳、20歳の年齢差などそれ自体あまり意味のないことのはずです。働きたい、人の役に立ちたいという気持ちがあるかぎり、人は働き続けることができるはずですし、そのための素晴らしい場を用意したいと思っています。

65 世代を超えた「Oneファミリー」として

伸こう福祉会が大事にする価値観のひとつに「Oneファミリー」という考え方があります。これは、ご利用者やスタッフ、取引先はもちろん、ご家族まで含めて伸こう福祉会とかかわる人たちすべてが、私たちのファミリーだということです。

実際、伸こう福祉会では、夫婦で、兄弟で、親子で働いているスタッフが何人もいます。先に入職したスタッフが紹介してくれて、一緒に働いてくれるようになったのです。ご利用者のご家族がスタッフになることもあります。園児としてお預かりしていた子が、今では看護師として働いてくれている例もあります。

私たちは多くのご利用者のみなさんから「人生最後の時間」という、とびきり大切なものを託されています。

私たちにできることは全部精一杯やりたい。やるからには一流のものをお届けしたい。そのためには、ご家族やスタッフ、取引先など関係者すべてが力を合わせていかなければなりません。自分の得意なことを全力でやり、お互いにカバーし合い、声を掛け合い、感謝し合って行動する。「Oneファミリー」の結束はそのためにあるのです。

マネジメント

Our management style

66 本部機能は小さく、人が動けばいい

本部機能は、一般的企業より圧縮しています。

例えば本部の事務所スペースは長年、新しくオープンした老人ホームの空き部屋などを使い、その施設が100%稼働して場所がなくなったら次のところへ移るということを繰り返してきました。

今では一応決まった事務所がありますが、それでも経営企画や研修担当、広報などのスタッフはみんな、3つも4つも大きな鞄をぶら下げていて、必要な書類をそれに入れて身軽に臨機応変どこへでも移動しながら仕事をしています。

67 数字を頭に入れておく、経営の視点の大切さ

施設がサービスを続けていくためには経営の視点が欠かせません。突然閉鎖されたり、解散したりしてはご利用者は大迷惑です。利益は経営の継続を約束してくれ

る唯一のもの。そのためには最も重要な指標である稼働率は100%をめざします。

だからこそ、管理者の集まる会議ではまず数字の話から入ります。先週と今週を対比してみてどうだったか。利用人員、稼働率がこうなのは、どういう理由からだろうかとみんなで分析し合います。

会社が永続していかなければ、社会貢献なんてとてもできません。経営に関しては次章でも詳しく触れます。

68 喜んでもらえる仕掛け、イベントを考え続ける

ご利用者に喜んでいただけるにはどうしたらいいか。どんなイベントがあればここに来たいと思っていただけるか。ちょっとした工夫でいいんです。絶えず現場には頭をひねってもらっています。

少し気取ってお料理を順番にお出しする〝レストラン・デイ〟、入浴の後にクロレラ、モロヘイヤ入りのジュースをお配りする〝健康増進月間〟などを設けてみる。

そうした仕掛けを組み入れていくことがデイサービスなどの通所系の事業所では、

今日は雨でちょっと気が重いけど、あのサービスが好きだから行こうかなと、思っていただけることがあります。今日は〝レストラン・デイ〟だからと、おめかしして来てくれたご利用者もいらっしゃいました。

新しいイベントなどの試みは、期間を区切って行います。だらだらやるよりはサプライズの形で、日々のメリハリを演出してさしあげたい。さらにこうした試みでも、生まれた生活へのよい効果を計測し、根拠も重視しています。

69 とにかくみんなで見に行こう

他の事業者のいろんな施設の試みをまず見に行くことも大切にしています。

カフェをモチーフにしたデイサービスがあるらしい、ゲーム機をうまく使った人気のデイサービスがあるらしいなどと聞けば、レンタカーを借りてみんなで出かけます。想像で話してもよくわからないので、自分の足を使って、とにかく自分たちの目で確かめに行こうというわけです。

遠くまで足を伸ばす場合は、他にユニークな施設がないか手分けして調べます。

千葉まで出かけ、4～5施設巡りながら横浜まで帰ってきたこともあります。次の会議では行った施設の話題で盛り上がります。

ただまねをしてもつまらないので、こうしたひと工夫を加えてみたらどうだろうか、などとワイワイ話し合う。そこから自分たちで新しいものを生み出していきたいと思っています。

70 早期にISOの認証を取得したわけ

伸こう福祉会の施設は早くからISO（国際標準化機構）の品質マネジメントシステム（ISO9001）の認証を取得しています。これは業界の基準にとらわれず、一般企業と同じレベルの品質基準、かつ国際標準のサービスをめざしたかったからです。

「第三者の厳しい目でチェックしてもらい、ちゃんと品質が保証されていますし、質が担保されたサービスを提供しています」とご利用者やご家族に根拠を持ってお伝えしたかったんです。

組織としても、これを機にマニュアル化や規定づくりなどの体制の見直しがぐっと進みました。今ではこれはお届けする最低レベルだと捉え、さらなる向上や工夫をめざしているところです。

業界の慣行に甘えず、一流とされる企業と常に同じ土俵に立ちたいのです。

3章

経営をゆるがせにしない

16年で200倍の成長

「世界でいちばん素敵な老人ホーム」をめざすにあたって、忘れてならないのが経営面です。**いくら理想が高くても、資金や人材などの経営基盤がしっかりしていなければ、絵に描いた餅でしかありません。**

社会福祉法人伸こう福祉会は現在、約50の施設や事業所を運営し、経営は概ね順調です。定員数や事業収入は設立当初の200倍ほどにまで増えています。

もちろん、社会福祉法人は公益性が高いということで、固定資産税や法人税が免除されていますが、どの社会福祉法人も同じようにこうした収益を上げているかというとそうではありません。なかには経営が傾き、吸収合併となったケースもこれまでにはありました。

最初はもがいてました

介護保険が導入されてから、介護サービスの市場は基本的に国がコントロールしています。事業者の判断で利用者をどんどん増やそうとしたり、臨機応変に価格を変えたりすることはできません。

そうしたなかで前身の「伸こう会株式会社」、そして「社会福祉法人伸こう福祉会」がここまで順調にやってこられたのは、金子伸一さんというビジネス・パートナーがいたからです。

もともとは専業主婦が始めた個人事業で、文字通り「どんぶり勘定」と「自転車操業」でやってきました。一生懸命やっているのになぜかお金が足りない。何かおかしいと思いながら、どこに問題があるのか、何を変えればいいのかよくわからないままもがいていた感じです。

あるとき、取引のあった地元の自動車会社の経営者に相談しました。それが現在、社会福祉法人伸こう福祉会の常務理事などを務めている金子さんでした。

金子さんは若いときお父さんから会社を引き継いだのですが、資金繰りに行き詰まって倒産の淵に立たされたことがありました。そこから立ち直るため経営を猛烈に勉強して、私にもいろいろ教えてくれました。でも、私は数字が苦手でよくわかりません。そのうち、「そんなに言うなら、手伝ってよ」と頼むようになり、株式会社を設立。共同経営者になってもらったのです。

金子さんに加わってもらったことで、経営は大きく変わりました。毎月の売り上げと経費を細かくチェックするのはもちろん、数か月先までお金の出入りを把握できるようになり、月末に金策に走り回ることもなくなりました。

資金のコントロールがしっかりできることで、次々に老人ホームをつくり、軌道に乗せるスピードも速くなりました。経営内容やクレームを積極的に公開するようになったのも、介護をビジネスとして捉え、取り組むようになったからです。

確かに弱者や困っている人を助けることは大切ですが、善意や奉仕の精神だけではいずれ行き詰まります。組織が赤字を続けていればやがて倒産となり、ご利用者には大きな迷惑をかけ、スタッフを路頭に迷わせることにもなりかねません。

介護を事業として行う以上、しっかりした経営感覚や財務戦略は絶対に必要なのです。

そうでなければ、質の高いサービスを安定して提供することはできません。それに、普通のビジネスと違って介護サービスの多くは介護保険という公的なお金が投入されているためいろいろ制約があり、自由に売り上げや利益を伸ばせません。

数値管理を徹底

まず、ビジネスを行っていく上で欠かせないのが予算です。「今年度はどれくらい売り上げを伸ばし、支出はどれくらいに抑え、利益をどれくらい確保するのか」という計画です。特に、売り上げは他の数字の前提となる最重要の目標です。

ところが、私たち介護保険上のサービスを扱う事業者の売り上げは、一般企業とは違って絶対的な上限があらかじめ決まっています。先ほど述べたように、特別養護老人ホームやグループホームはもちろん、デイサービスなどにしても定員が決まっており、しかもサービスの価格は国が定めているからです。柔軟なサービス対応や人員の調整も自由にはできません。

そのため、介護サービスで赤字のケースは、ほとんどが稼働率の低さが原因です。稼働率が低くて収益が上がらないとき、人件費などの経費を減らすと逆効果です。サービスの質が下がってご利用者がさらに減り、稼働率がますます下がることになりかねません。

　ですから、介護サービスできちんと利益を上げるには、いつも定員を満たしておくこと、つまり稼働率１００％をめざすしかありません。

どうやって稼働率１００％をめざすのか。

私たちの戦略は一貫しています。数値管理を徹底することです。

稼働率は全施設分を週単位で速報

　法人全体の年間予算を作成するだけでなく、それを施設ごとに分け、毎月の実績を翌月上旬には集計し、どこまで達成できたかをチェックします。毎月発表されるチェック表はA２の特大サイズで、施設ごとに主要数値がカラフルに色分けされ、私のような数字が苦手な人間でも直感的にわかるようになっています。

　数値で最も重視しているのは、もちろん先ほどの稼働率です。稼働率だけは全施設の分を日報で集め、週単位で速報を出します。毎月のチェック表でも、稼働率は太字で目立つように記載されます。稼働率の欄の横には１００％との差（マイナス）に定員の単価を掛けた「売り上げ損失」が赤字で記入されています。

このように施設ごとに毎月、稼働率がどれくらいか、収入やコストはどれくらいか、赤字か黒字かが一目でわかるので、何か問題があれば現場の責任者も本部もすぐ気がつきます。そして、募集活動が後手に回っているのか、人員の配置が過剰なのか、それとも競合に負けているのかなどいち早く原因を探り、対策を講じることができるのです。

各施設の管理者（施設長）は、任された施設における日々の業務だけでなく、こうした予算の責任も負っていて、毎月の全社会議では説明と対策が求められます。「現場の仕事だけでも大変なのに、そんなことまでやるの？」と思われるかもしれませんが、設立から二十数年、ずっと続けているので、仕事とはそういうものだとスタッフはもう慣れっこです。むしろ、スタッフのマインド、いわば数値感覚を育てることが大切なのだと私は思っています。

人事評価とはじかに連動させない

ただし、実績がそのまま人事評価やボーナスに連動することはありません。新しく開設した施設はどうしても稼働率が低くなるなど担当者がコントロールできない要素が多いからです。また、私たちの組織では人事異動がしょっちゅうあり、責任者の努力と業績がすべて連動しているわけでもありません。

とはいえ、社会福祉法人であっても、経営をしていることには変わりはないのですから。数値管理の追求は、一般的な中小企業よりも努力をしていると思っています。

4章

理念を言葉に
——組織拡大と継承のさなかで

「感じ取る」部分を大切にする

苦手な数値管理の面はすべて金子さんに任せ、私のほうは主に組織の理念づくりを担当しています。

よく、組織には理念が必要だと言われます。その組織が何のために存在するのかという原点を確認し、何をするのか、どこへ向かうのかを示すのが理念です。**経営における理念が明確で、メンバー全員に浸透、共有されている組織は強く、スピーディーに成長していくものです。**

しかし、私自身は「こんな介護がしたい」ということを常に考えてはいますが、それをはっきりとした言葉にしてきた記憶があまりありません。どちらかというと、具体的な行動や日々の細かい指示のなかで伝えようとしてきました。

前の章で述べたように、例えば毎朝、窓のカーテンを開けたら、折り目をきれいに畳んでタッセルに留めるよう言ってきました。同様に、室内に飾ってある植木や切り花の水やり、水替えなども、自分で実行している姿を見せながら折に触れて指示してきました。

介護サービスの本質は、言葉では伝えられない部分も多いという気がしていて、大事なことは感じ取ってもらうしかない、と思っていたからです。

社会福祉法人を立ち上げた頃は、同時に伸こう会株式会社を売却する話（ベネッセコーポレーション（現ベネッセホールディングス）の傘下に入ることになりました）も進んでいました。そこで私は株式会社に残り、社会福祉法人については、特養の準備を含め、昔から一緒にやってきてくれていた女性スタッフたちと、民間企業で一定期間働いた経験のある長女の足立聖子（現理事長）に日常の業務などは任せました。

バトンタッチを進める

ベネッセで新規施設の開設や運営に携わった後、ワタミの有料老人ホーム事業のお手伝いもさせていただきました。一流企業のなかで、いわば有意義な武者修行をさせてもらったと思っています。

２００５年に私はワタミから戻り、一足先に戻っていた金子さんたちと一緒に社会福祉法人で新しい施設の開設や受託事業の拡大に突き進みました。特に力を入れたのはグループホームです。特別養護老人ホームの運営での経験を活かし、認知症のお年寄りの受け皿になることを強みにしようと考えたからです。

２００５年から２０１３年にかけて、伸こう福祉会は急速なスピードで成長を遂げました。それまで培ってきた経験やスキルがうまくかみ合い、事業のステージがひとつ上がった感じでした。組織としても、私と金子さんがしゃかりきにひっぱってきた段階を過ぎ、若い人材がどんどん育ってきました。

２０１０年10月、私は専務理事、金子さんは常務理事に退き、娘の足立聖子が理事長に就任しました。また、大手企業などで活躍してきた人材コンサルタントの林義仁さんに副理事長をお願いし、現在はこの体制で、次の世代へのバトンタッチを進めています。

思えば、保育園も老人ホームも、まったくの素人からひとつずつ手さぐりでつくりあげてきました。何か新しい事業を始めるにあたっては、その道の経験があったほうがいいと思われがちですが、経験がないからといってできないわけではありません。

「こういうことがしたい」という思いと、「お客さまにどうしたら喜んでもらえるだろう」という想像力、あとは物おじしない行動力があればなんとかなるものです。

むしろ、その事業についていろいろ知っていたら、「これはできない」、「あれは難しそう」と自分で制約をつくってしまい、中途半端になっていたかもしれません。

最初は小さな組織で、何もかも私が先頭にたってこなさないと回りませんでした。本当に夢中で走り回って、大変なことを大変だと感じる暇さえありませんでした。

でも、次の世代は既に組織や施設が整ってしまったことで、ご利用者やスタッフが求める期待値が高くなり、逆に大変だと感じる機会が多いかもしれません。

創業者とはまた別のチャレンジや苦しさがあるはずです。でも、そうした苦労が人を成長させます。私はただ、自分の経験を伝えて参考にできるところはしてもらえばいいな、そう思っています。

組織の拡大とともに明文化

そうはいっても、組織が大きくなってくると、私とほとんど顔を合わせる機会のないスタッフも増えてきました。具体的な行動や日々の細かい指示そのものが届かないのです。

そこで、創業者である私や金子さんの想いが伝わらないことを危惧した若いスタッフたちが、あとに続く新しい世代に受け継いでいきたいと考える行動指針や心のあり方を、「クロスハート　ベーシック」（次頁参照）としてまとめてくれました。世のなかがどんどん変わっていくなかで、私たちの施設のなかで10年経っても20年経っても変わらない信条のようなものを形にしておこうと思ったのでしょう。

経営陣だけでなく、各施設のスタッフにも参加してもらい、何回も会議を重ねてつくったようです。でき上がったものを見て、私は、言葉そのものももちろん大切なのですが、伸こう福祉会の経営理念やその根底にある「魂」を多くのスタッフが自分なりに考えてくれたことをとても嬉しく思いました。そのことが私たちの組織を強くし、経営の基礎体力を高めることにつながる手ごたえを感じたからです。

クロスハート ベーシック

1．お客様から学ぶ

2．今を大切に

3．地域のお役に立つ

4．おもてなしの心

5．One ファミリー

6．背伸びをすれば背は伸びる

7．福祉バカにならない

5章

次へのステップ

「医療との連携」が今後のカギ

私たちが考える次の戦略のひとつは、「医療との連携」をさらに深めることです。

日本では、自宅で亡くなる人は全体の2割程度で、残りの8割は病院で亡くなっていることは先に述べました。ヨーロッパでは逆に8割ほどが自宅で亡くなっています。厚生労働省が発表した資料によると、保険医療費は年間40兆円を超える規模になっており、その3〜4割が高齢者向けです。財政難に苦しむ国は、医療費のかさむ高齢者の長期入院を減らそうとしており、もともと介護保険ができたのもそうした狙いからでした。

「多くの人が病院で亡くなる」という背景には、自宅や近所で適切な医療を受けられる医療ネットワークが整備されていないことがあります。長期入院や療養型施設に代わる、終末期医療には大きなニーズがあります。それに応える介護と医療の連携は、これからの時代の要請でもあるはずです。

伸こう福祉会では、数年前から金子常務理事がグループ内に在宅診療を専門とする複数の医療法人のネットワークをつくり、運営しています。介護施設のご利用者に対して、24時間365日体制で往診し、介護スタッフへ医療上の指示を出し、救急搬送の必要性を判断するなど、種々の医療サービスを提供するためです。「訪問診療ネットワーク」という名前で、現在は首都圏や中部地方に31の拠点を展開し、伸こう福祉会のご利用者は年間約160人を診てくれています。

また、「医療法人コムニカ」は横浜市南部を中心に在宅医療を行う医療法人で、その設立当初から、伸こう福祉会への全面的な協力をお願いしています。

こうした密接な連携によって、クリニックの医師や看護師と、施設の介護スタッフや看護師、その他の専門職がご利用者の健康状態や日常生活の様子を共有することができるようになりました。今後、医療分野のサービスをさらに充実させ、私たちの大きな強みにしていくつもりです。

他業種とコラボレーションで製品開発

私たちは30年以上前から老人ホームで介護の仕事をしており、そのなかで高齢者の特性やニーズについて幅広い経験を蓄積してきました。その蓄積をベースに今、積極的に取り組んでいるのが、企業や大学と連携した製品やサービスの開発です。

その一例が、丸八ホールディングスのグループ会社、株式会社ハッチと共同で取り組んだ高齢者向けの寝具ブランド「pasem」（パセーム）です。2013年、第一弾として褥瘡《じょくそう》（床ずれ）リスクの軽減、介護スタッフの作業負担軽減を目的に開発した介護用シーツ「ウイングシーツ」を発表し、介護事業者などに向けて販売しています。

また、第二弾として「スムースピロー」という枕が2016年10月より発売されます。ひとつの枕で好みに合わせて5通りの高さや硬さが調整できます。

このように介護の理想を他業種の方の力をお借りして具現化しています。

新しい介護の形を世界とともに

振り返ると、私はいつも「挑戦」を続けてきました。大規模施設中心の時代に部屋数17という小さなホームをつくり、90年代の後半にはホテルを活用したショートステイサービスにも挑戦しました。

その後も、認知症で要介護度の高い方を優先的に受け入れる特別養護老人ホーム、カフェテリア方式でプログラムを選べるデイサービス、個室に洗面や床暖房のある少し広めのグループホーム、などをつくってきました。誰もやっていないことをやることに、挑戦したくなる性分なのです。

さらに今後、これまでつくりあげてきた介護サービスを世界に問いたい、という思いがあります。

その第一歩として2013年11月、横浜で「国際福祉サミット2013」を開催しました。介護サービスに携わる私たちが海外諸国の介護について見聞を広げ、現状に満足せず、より多様な方々のニーズを満たすサービスにしていきたいというのが動機です。オランダ、オーストラリア、米国、中国、韓国、デンマーク、アメリカという世界8か国から介護の専門家を招き、世界のいろいろな介護事情を教わり、日本のことも知ってもらうよい機会になったのではないかと思います。

それぞれの国の福祉事情を少しずつ調べてわかってきたことがあります。

お看取りの場面では宗教や文化によって異なることが多く、「おもてなし」の国と呼ばれる日本のサービスであっても、そのまま展開するのはそう簡単ではないということです。

しかし、先進国共通の事情として、まだまだ元気で自分の健康を気遣いつつ、人生を最後まで楽しもうという高齢者が増えていることも知りました。

日本は世界で最も早く高齢化が進んでいるだけに、シニアビジネスのマーケットとしてはヨーロッパとはまた違う形での先進国でもあります。

押しつけではなく、相手に合わせて臨機応変に対応する、おもてなし、温かさ、気配り、きめ細やかさといった日本人のよいところを目に見える形にした介護サービスを海外に輸出し、逆に、海外の高齢者の高い自立心を満足させているサービスを日本に輸入し、グローバル化の進むこれからの時代に合ったサービスを世界の国々とともにつくっていきたいのです。

海外で新サービスを

海外からよい学びを得るためのもうひとつの試みとして、アメリカや東南アジアに新しい高齢者向けのサービスを展開しようと準備しています。

アメリカには介護保険はありませんから、基本的にすべて民間ベースのビジネスです。だからこそ、選択していただけるものにならなければ自由競争の下では勝ち残れません。私が現在考えているのは、幾つになっても「ビジネスをしたいと考える方のためのデイサービス」で、今は、サービス開始まであと一歩のところまで来ました。

海外である程度軌道に乗ってから日本でも試してみたいと思っています。これから団塊世代が高齢者になってくると、社会的な弱者としてではなく、元気で意識の高い高齢者として、質の高いサービスを求める人が増えてくるでしょう。私自身、70歳を超えましたが、インターネットについてわからないことをちょっと教えてもらったり、気軽に上手なお化粧の仕方を教わったり、あるいは本格的なお料理を習ってみたりしたいな、と思うことがあります。

そうした高齢者の多様なニーズに応えるには、介護保険の枠にとらわれない発想が必要で、新しいビジネスチャンスにもつながると思います。国の財政事情もますます厳しくなっていくなか、多少お金に余裕のある高齢者がそうしたサービスを利用することは、介護保険を持続可能な制度にするためにも有益でしょう。

世界のネットワークとつながる

海外進出については、世界中の社会起業家から協力を得られる機会もいただきました。

そのひとつは2012年、世界の社会起業家を結ぶネットワーク団体・アショカ(本部アメリカ)のシニアフェローに選ばれたことです。アショカでは、シニアフェローを「その活動が既に広く認知されており、活動をさらに広めるために腐心している社会起業家」と定義しています。

私自身は、自分のこれまでの仕事が「既に広く認知されている」とか、自分自身を「社会起業家」だとは思っていません。でも、シニアフェローに選ばれた理由として、長年の経験、状況に応じたきめ細やかなアプローチ、価格的にも手が届きやすい快適な高齢者ホームの開設、外国人スタッフの積極的な雇用などを評価していただいたことは素直に嬉しく感じています。

また、2014年3月には、社会起業家の育成などを目的とするシュワブ財団

（本部スイス）が主催する「Social Entrepreneur of the Year 2014」に、世界各国30団体のひとつとして伸こう福祉会が選ばれました。２０００年から行われているこの表彰で日本の組織が選ばれるのは初めてのことだそうです。表彰理由はやはり、不要となった企業の寮や社宅を転用して手頃な費用で入れる老人ホームを実現した「伸こう福祉会方式」が評価されたものです。

このように海外とつながる手段を得たので、今後は介護分野における日本の一代表として世界とつながり、さらに発信力を高めていこう、そう考えて身の引き締まる思いがしています。

「驚きの介護」を提供し続ける

夢はいろいろ膨らみますが、この仕事でいちばん大事なのはやはり、私たちの老人ホームなどを利用されているお年寄りとそのご家族です。その原点が揺らぐことはありません。

ご利用者のニーズをひとことで言えば、暗く不幸な老後を送りたくないということ。言葉に出すかどうかは別にして、自分らしさや自尊心を失いたくないと、みなさん思っています。

個性が尊重され、自分の意思で行動したい。

ちょくちょく外出して運動し、心身ともに長く健やかでいたい。

もちろん、日々の暮らしは安寧・安心が保たれ、身なりは清潔に、品格を持って暮らしたいのです。

みんな一緒に子供のような遊びごとはしたくない。でも、困っていることでは相談に乗ってほしいし、まわりから必要とされたい。

ご家族への思いも基本的には同じです。自分の親や配偶者が安全で不安なく、健康に過ごしてほしいと願っていらっしゃいます。

こうしたニーズに対し、私たちがめざす理想の介護は、「生きる」お手伝いをするだけでなく、人生の集大成を迎えたご利用者に「幸せ」を感じてもらうことです。

例えば、一日のなかで好き、嬉しい、楽しい、懐かしい、おいしいといった「よい感情」に包まれる時間が、痛みや孤独、不安など「負の感情」の時間より少しでも長く続き、あるいはベッドで寝たきりだったとしても明日のこと、来週のこと、未来のことを楽しみに考えられることです。

そうすれば、私たちの老人ホームが本人にとってもご家族にとっても、人生最期のステージにおいて最良の場所となれるでしょう。

おそらく、このような老人ホーム、このような介護を実現するには、ご利用者のみなさんが私たちに対して抱いている期待を「満たす」だけではなく、その期待と想像を超えるような驚きと感動を提供しなければならないでしょう。

そのためには、福祉という枠を超え、一般企業と同じように顧客目線に立って選ばれる存在にならなければなりません。「福祉の常識」ではなく「サービス業としての理想」を追求しなければならないのです。

それは同時に、福祉業界のイノベーター（革新者）となることにも通じます。私たちのビジネスが福祉業界に新しい価値観を生み出し、業界全体の底上げがはかられるとともに、日本全体にもよいインパクトを与え続けて行けるならば、これに過ぎる喜びはありません。

今後もさらに貪欲にたくさんの失敗を越えた先の少しの成功例を積み重ねていきたいと考えています。

あとがきに代えて——心優しき「届かない人」たちと手を携えて

もう何十年も前、最初に無認可保育園を立ち上げようとした際、スタッフの中心になってくれたのは、ベトナムからのボートピープル（難民）の人たちでした。私は地元の教会を通じて彼らと出会い、苦労して海を越えた話を聞きました。彼らが何より困っていたのは、やることがないことでした。

難民という不安定な立場では、働くことができないのです。言葉もままならない土地で、社会とつながる手段もなく、彼らは孤立しがちでした。

そこで、彼らに子どもの送迎や保育園の手伝いをお願いしたら、「いいよ、やってあげるよ」といって快く手を貸してくれました。私にとって彼らは「かわいそうな難民」ではなく、最初からありがたい働き手であり、大事な仕事仲間でした。さらに、施設が増えて人手が足りなってくると、今度は近所でホームレスだった人、登校拒否から家出してきた青年にも手伝いをお願いしました。

私はいつも人手が足りず困っており、彼らは仕事がなくて困っていたのでちょうどよかったのです。ホームレスの人にはとりあえずお風呂に入ってもらい、あいさつの練習をしてもらうなど最低限の準備をしてもらいましたが、あとはその人の感性に任せて働いてもらいました。

また、昨今では、うつやコミュニケーション障害、それこそちょっとしたボタンの掛け違いから、会社や社会からはじき出されてしまう人たちがいます。こうした人たちの力も貸してもらうようにもしてきました。

いつも実感するのは、いろいろなことに届かず世間で「半端《ハンパ》もの」と言われ、行き場をなくしているような人たちこそ、人の痛みや苦しさをよく理解し、相手の気持ちを感じ取ることのできる素晴らしい人材だということです。「半端もの」というとちょっと言葉が悪いですが、今の社会では少々生きることに不器用だけれど、いざとなれば人のためにいつでも力を出せる人たち、という意味です。

普通の企業が雇用をためらうような人たちが、誰かを支えるときにはものすごい力を発揮してくれています。全然「半端もの」なんかじゃないんです。

こうした経験から、私は「どんな人にも活躍の場はある」、「世間とうまく折り合えなかった人こそ、きっかけさえあれば全力で他人を支えることができる」ということを確信しました。

私たちの組織では、現在も、元引きこもりの人、障害のある人、ご利用者以上に高齢の人などがそれぞれの個性を活かして働いてくれています。

今では組織も大きくなり、高学歴の新卒スタッフや官公庁から転職してくるスタッフもいます。こうした新たな人たちと半端ものたちとの交じり合いが新たな化学反応を起こし、この組織を支え伸ばし続けてくれるはずだと私は信じています。

追いつきの悪い仕事

私はよく介護を「追いつきの悪い仕事」と言っています。

時間が追いつかない。
人手が追いつかない。

何より、ご利用者の寿命に追いつかない。

「桜を見せてあげたい」と思っていたのに春を待たず亡くなられたり、「お寿司を食べようね」と約束していたのに果たせなかったり、その度にいつもとても切ない気持ちに襲われます。

私たちは保育事業も手掛けていますが、小さな子どもたちのお世話はそんな思いをしなくて済みます。赤ちゃんだった子どもたちがどんどん成長するのを見守り、大きな世界に巣立っていくのを見送るのは楽しいものです。

それに比べ、お年寄りの方たちをお世話するのはとても複雑な思いにかられます。私たちが知らない年月を重ねてきた人生の先輩に寄り添い、場合によっては最期のときまでご一緒することもあるのですから。

どんなに考えてやり尽くしたつもりでも、ふとした折に「もっとしてあげられることがあったんじゃないかしら」という思いが頭をよぎるのです。

いつか、たとえ追いつけないにしても、もう少しで手が届くと思える日が来ることを祈りつつ。

謝辞

１９８６年、４人のスタッフでスタートした小さな老人の家も、２０１６年には１０００人を超える大家族となりました。思いを伝えたい一心で、これまでにたまった会議用資料のメモを、出版社さんやたくさんの方のお力をいただくことで、こんな立派な一冊の本にしていただきました。

「技術なし」、「経験なし」、「お金なし」――。

ないない尽くしの私の仕事道中記です。この道中、まわりの環境はすっかり変わり、時代遅れのことに固執し、少々幼稚な箇所も数々となってしまいました。これも私の思考の流れなので、お許しいただきながら読み流してください。

決して前に出ることをしなく、あるときは守り、攻め方の伝授をし、しっかり支えてくれた常務理事の金子伸一氏。

30年前の最初の施設長で、現在もクロスハート石名坂・藤沢の施設長として現場を守り続ける鈴木麻利子さん。

3人で恐る恐る高齢者事業の道に入った遠い昔を思い出します。心からの感謝をお二人に捧げます。

たくさん教えて下さったみなさまにも、心から、ありがとうございましたと申し上げたいです。

現理事長の足立聖子を中心とした次世代のスタッフが「世界でいちばん素敵な老人ホーム」をつくってくれることを願って。

2016年8月末日　　　　片山ます江

著者紹介———

片山ます江（かたやま・ますえ）

社会福祉法人 伸こう福祉会 専務理事
大阪府出身。1976年に認可外保育園「湘南キディセンター」を神奈川県藤沢市に開園。その後、老人ホーム「グラニー鎌倉」をオープンし、伸こう会㈱を設立。介護施設で初のISO9001を取得するなど常に先進的な取り組みを続ける。その後、伸こう会をベネッセコーポレーションへ売却し、その資金を元に社会福祉法人伸こう福祉会を設立。2012年に米国の社会起業支援非営利組織アショカからシニアフェローとして選出されたほか、2014年にはダボス会議で知られるシュワブ財団から日本人として初めて"Social Entrepreneur of the Year 2014"に選ばれた。人生の始まりと最後の時間を有意義なものにするために、特別養護老人ホーム、グループホーム、デイサービス、有料老人ホーム、ショートステイなどの36の介護事業と8つの保育事業を運営。
伸こう福祉会 ウェブサイト　http://www.shinkoufukushikai.com/

理想の老人ホームって何だろう
常識にとらわれない介護70か条

2016年9月27日　　第1刷発行

著　　者　片山　ます江
装 幀 者　細田　純平（LABEL）
発 行 者　藤田　博
発 行 所　株式会社 草思社
〒160-0022　東京都新宿区新宿5-3-15
電話　営業 03(4580)7676　編集 03(4580)7680
振替　00170-9-23552

本文組版　アーティザンカンパニー株式会社
本文印刷　中央精版印刷株式会社
付物印刷　中央精版印刷株式会社
製 本 所　大口製本印刷株式会社

ISBN978-4-7942-2226-8 Printed in Japan　検印省略

http://www.soshisha.com/